메이지유신을 설계한 최후의 사무라이들

메이지유신을 설계한 최후의 사무라이들

서가
명강
14

그들은 왜 칼 대신 책을 들었나

박훈 지음

서울대학교
동양사학과 교수

21세기북스

자연과학

自然科學, Natural Science

과학, 수학, 화학, 물리학,
생물학, 천문학, 공학, 의학

사회과학

社會科學, Social Science

경영학, 심리학, 법학, 정치학,
외교학, 경제학, 사회학

예술

藝術, Arts

음악, 미술, 무용

역사학

歷史學,
History

인문학

人文學, Humanities

언어학, 철학, 종교학,
문학, 고고학, 미학, 역사학

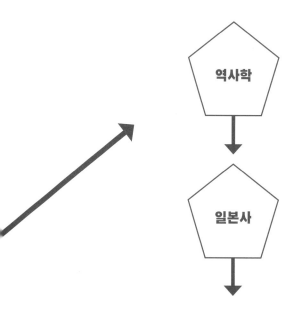

일본사란?

日本史, Japanese History

역사적으로나 지정학적으로 한국과 불가분의 관계에 있는 일본의 역사를
통해, 일본 및 일본인에 대한 이해 도모를 목표로 한다. 역사적으로 한국과
교류가 가장 많았던 일본을 바로 알기 위한 전제로서 일본의 역사에 대한
정확한 이해가 필수적이다. 한국에서의 일본사 연구는 한국사 연구가 보다
유기적이고 비교사학적으로 발전하는 데 보탬이 될 수 있을 뿐 아니라,
더 나아가 동아시아 역사의 해석을 더욱 다양하고 풍부하게 하는 데
기여하고 있다.

이 책을 읽기 전에 주요 키워드

연호(年號)

특정 군주 즉위 후 통치 기간을 일컫는 용어다. 일본은 오늘날까지 천황의 연호를 사용하는 유일한 국가로, 일본 역사상 천황의 가문이 한 번도 바뀐 적이 없기에 천 년이 넘게 이어져오는 전통이다. 근대 일본이 만들어진 과정을 '메이지(역성) 혁명'이 아닌 '메이지유신'이라 부르는 것도 여기에서 비롯된다. 대표적인 연호로는 '메이지', '헤이세이', 서기 2019년부터 사용하고 있는 '레이와' 등이 있다.

막부(幕府)

12세기부터 19세기까지, 천황을 신앙적 존재로 두면서 실질적으로 국가를 다스렸던 무사 정권을 말한다. 이는 각 지방에 영주를 보내 통솔케 하는 일본식 봉건제 체제였으며, 막부의 수장인 '장군(정이대장군)'이 실질적인 통치자 역할을 했다. 에도(도쿠가와) 막부를 끝으로 막부 시대는 막을 내리고 메이지유신이 선포되면서 근대 일본이 열리게 된다.

사무라이(侍)

일본 봉건 시대의 무사 계급을 말한다. 도쿠가와 시대 사무라이 모습은 그 이전 시대와 많이 달라진다. 농촌을 떠나 도시에 살게 되었고, 토지를 소유하는 대신 주군에게서 봉록을 받는 존재로 변했다. 메이지유신 이후 봉건제가 폐지되면서 사무라이 계층은 소멸되었다.

번(藩)

막부 시대 당시 봉건제의 기반이 되었던 영지를 가리킨다. 이때 각 지방의 영주를 '번주' 혹은 '대명'이라고 한다. 막부의 영향력이 약해질수록 반대로 번의 세력이 강해졌다. 번 중에서도 세력이 강한 번을 '웅번'이라고 하며, 대표적인 웅번인 조슈번과 사쓰마번은 이후 막부를 무너뜨리게 된다.

메이지유신(明治維新)

'명치유신'이라고도 하며, 도쿠가와 막부가 무너지고 왕정이 복고되면서 정치·경제·사회·군사 전 분야에 걸쳐 서구화에 성공한 일련의 대변혁 과정을 말한다. 보통 1853년의 개항부터 1868년 메이지 원년까지를 포함하고 있으며, 서양의 아래로부터 시작된 시민 혁명과는 달리 지배 계급인 하급 사무라이들의 주도로 이루어진 개혁이다. 이를 기점으로 일본은 봉건 국가에서 근대 국가로 나아가게 된다.

흑선 사건(黑船事件)

1853년과 1854년, 미국 동인도함대의 함선이 일본으로 와 문호 개방을 강제한 사건을 말한다. 함선의 선체가 검은색이었기에 '흑선 내항'이라고도 불리며, 결국 미일화친조약으로 이어지면서 에도 막부의 권위가 실추되는 계기가 되었다. 이 사건을 기점으로 막부의 쇄국정책이 끝나고 일본의 근대화가 시작되었다.

존왕양이(尊王攘夷)

'존황양이'라고도 하며 '천황의 이름을 높이고(존왕), 외세를 배격(양이)'하자는 표어로, 에도 막부 말기 메이지유신의 사상적 토대가 되었다. 실제로 '존왕'과 '양이'는 막부 타도를 위한 프로파간다의 성격이 짙었으며, 메이지유신 이후 막부를 옹호하는 좌막파들이 정리되면서 존왕양이 또한 유명무실해졌다.

대정봉환(大政奉還)

1867년 에도 막부의 도쿠가와 요시노부가 국가 통치권을 메이지 천황에게 반납한 사건이다. 이전까지 '대정위임론'을 토대로 실질적인 통치자의 역할을 담당했던 장군이 천황에게 권력을 반납하면서, 에도 막부와 막부 시대의 종언을 상징하는 역사적인 사건이 되었다. 곧이어 메이지유신이 선포된다.

차례

1부　시대적 배경: 위기 앞의 일본

2부　메이지유신의 스승, 요시다 쇼인

3부　일본을 세탁하다, 사카모토 료마

"일본을 상대하기 위해선 우선 일본을 철저하게 알아야 한다. 그 첫걸음은 지금의 일본을 만든 메이지유신부터 시작하는 것이 좋다."

일본 역사와 친해지기

일본 역사에 대해 많이 알아야 하는데, 또 잘 알고 싶은데 너무 어렵고 생소하다고 하는 분들을 자주 만난다. 전국시대, 메이지유신 등 정말 재미있을 것 같아 막상 책을 찾아보면, 한 페이지도 보기 어려운 전문서나 수준 낮은 엉터리 책만 있어 난감하다는 소리도 많이 듣는다. 이 책은 그런 분들을 위한 것이다. 일본 역사 중에서도 근대 일본의 출발점인 메이지유신 과정에서 영웅적인 활약을 펼쳤던 네 인물을 통해 일본 역사와 친해지는 계기를 마련해보고자 한다.

이들 네 인물은 요시다 쇼인吉田松陰, 사카모토 료마坂本龍馬, 사이고 다카모리西鄕隆盛, 오쿠보 도시미치大久保利通다. 순서는 나이순이 아닌 사망한 순을 따랐다. 각각 29세(이하 만 나이), 31세, 49세, 48세에 생을 마쳤다. 전원 천수를 다하진 못했다. 요시다는 처형당했고, 사카모토와 오쿠보는 암살당했으며, 사이고는 전사했다. 이들이 살았던 시기가 얼마나 격렬했는지 말해준다.

일본 역사를 읽다 보면 무엇보다 일본 사람의 이름을 익히는 게 난관이다. 나도 그랬다. 처음에는 사카모토 료마를 판본용마坂本龍馬, 이렇게 외워도 괜찮다. 사실 한 세대 전만 해도 이토 히로부미는 이등박문伊藤博文, 도요토미 히데요시는 풍신수길豊臣秀吉, 이런 식으로 대부분 불렀다. 일본도 마찬가지로 한국인 이름을 자기 발음으로 불렀다. 예를 들면 이승만은 리쇼반李承晩, 김대중은 긴다이츄金大中라고 했다. 그런데 88년 서울 올림픽 무렵 한일 간에 서로 고유명사를 원발음으로 불러주도록 하자는 움직임이 일었다. 이등박문이라고 하지 말고 이토 히로부미, 긴다이츄라고 하지 말고 김대중으로 부르자고. 그래서 요즘 우리는 아무도 안배진삼安倍晋三이라고 안 하고 아베 신조, 이렇게 부르게 된 것이다.

중국과도 마찬가지다. 습근평習近平이라 안 하고 시진핑이라 하며, 모택동毛澤東은 마오쩌둥이다. 아마 50대 이상의 독자들에게는 모택동이 더 익숙할지도 모르겠다. 그 분기는 대략 장쩌민 때일 것이다. 강택민^{江澤民}과 장쩌민이 함께 사용되다 장쩌민으로 정착되었다. 그 이후 예를 들어 후진타오를 호금도^{胡錦濤}라고 하는 사람은 거의 없게 되었다. 원자바오는 알아도 온가보^{溫家寶}라고 하면 누군지 몰라 웃음부터 나온다(오래된 얘기지만 포항제철 회장 등을 역임한 박태준 씨가 방송에서 시진핑을 습근평이라고 하던 기억이 난다. 연세 든 분들에게는 아직도 그런 습관이 남아 있는 것 같아 흥미로웠다).

그런데 중국은 이런 룰을 잘 안 지킨다. 왜냐면 한국이나 일본 이름이 한자로 되어 있기에 한자 이름을 써놓고 자기들 발음 대신 한국이나 일본 발음으로 읽으려니 힘든 것이다. 이해해줄 수 없는 건 아니지만 그래도 불공평하다는 느낌은 든다. 멀쩡한 '서울'이라는 이름을 놔두고 '한청^{漢城}'이라고 부르더니 지금은 그나마 '서우얼^{首爾}'이라고 한다. 이런 얘기를 왜 꺼내느냐 하면 일본 고유명사가 외국인들에게는 매우 까다로운데, 다행히 우리는 한자를 아니까 처음에는 한자 이름으로 일단 익숙해지는 것도 한 방법이라는 말씀을 드리고 싶어서다.

일본 이름이나 지명이 입에 잘 안 붙는 것은 한자를 놓고 일본 사람들이 자주 훈독을 하기 때문이기도 하다. 예를 들어 요시다 쇼인吉田松陰을 보면 성 '요시다'는 훈독한 것으로 '좋은 밭'이라는 뜻이다. '쇼인'은 송음松陰을 음독한 것이다. '吉田'을 음독하면 '깃텐'이 될 것이다. 그러니까 음독했다면 '깃텐 쇼인'이 된다. 중국인은 '지톈 쑹인'이라고 할 것이고, 한국인은 '길전송음'이라고 하니 얼추 비슷한 발음이 된다. 한국이나 일본이나 한자 음독은 중국 발음을 모사한 것이니 비슷해지는 게 당연하다. '信用'은 '신융'(중국어), '신용'(한국어), '신요'(일본어)로 비슷비슷하다. 그런데 일본인들은 한자 고유명사를 놓고 훈독과 음독을 제멋대로 섞어놓으니 외국인들에게 어려워지는 것이다. '吉田'이라는 한자를 놓고 '길전'이라고 읽지 않고 '좋은 밭'이라고 읽는 한국인은 없을 것이다. 다나카씨田中氏는 '전중씨'가 아니라 '밭 가운데씨'다. 일본 친구에게 왜 그러냐고 불평했더니 웃으며 곧 익숙해질 거란다. 하긴 초등학생 일본인도 어렵지 않게 읽으니 많이 접하다 보면 곧 익숙해지기는 할 것이다.

또 일본에는 성이 많다. 이 책에 등장하는 네 명도 성이다 제각각이다. 우리는 성의 개수가 많지 않고 김, 이, 박 씨가 절반을 넘지만, 일본에서는 제일 흔한 성인 사토, 스즈키, 다카하시, 다나카, 와타나베라도 전체의 2퍼센트를 넘지 않는다. 그래서 우리는 '어이, 박 선생!' 하고 부르면 구별이 안 되는 경우가 많은데, 일본에서는 예를 들어 교실에서 '야마구치상!' 그러면 대개는 한 반에 한 명밖에 없기 때문에 성만 불러도 거의 구분이 된다. 그래서 간혹 서로 지인이면서도 이름은 모를 때가 있다. 저 사람이 다나카상이라는 건 알아도, 다나카 뭐라는 것은 모를 때가 있는 것이다. 이처럼 인명 하나만 파고들어도 한국과 일본의 차이를 비롯해서 여러 가지 재미있는 점들을 발견할 수 있다.

애기가 초장부터 옆길로 샜다. 앞으로도 종종 이럴 것 같은데 독자들께서 널리 이해해주시기 바란다. 처음부터 그렇게 쓰기로 마음먹었다. 역사 이야기를 하다가 그간 공부하면서 생각해두었던 것들, 전해드리고 싶었던 얘기들을 붓 가는 대로 편하게 쓰기로. 독자들께서도 심각한 역사를 읽는 도중에 잠시 쉬어간다 생각하시면 좋지 않을까 싶다.

우리는 과거에 일본의 식민지였던 불쾌한 경험이 있다. 이 경험은 매사에 일본에 대한 경쟁심을 자극하여 우리를 분발시키기도 하지만, 다른 한편으로는 불필요한 허세를 낳기도 한다. 전자는 "까짓 것 일본도 하는데 우리가 왜 못해"라는 자세고, 후자는 "일본 역사에서 배울 게 뭐 있나"라는 태도다. 그러나 어느 나라 역사이건 간에 배울 게 없는 역사는 없다. 더구나 2000년 동안 나름대로 고도의 문명을 일궈온 이웃나라 역사에서 배울 게 없다는 것은 애초에 말이 안 된다. 그런데 평소 매사에 지성적인 자세를 취하는 분들도 이런 얘기를 하는 경우를 가끔 보았다. 피해의식이 이성적 태도를 방해하고 있다고밖에 달리 설명할 방도가 없다.

일본을 상대하고 경쟁하기 위해서는 우선 상대를 철저하게 알아야 한다. 또 전략적이어야 한다. 세계에서 일본을 무시하는 것은 한국 사람들뿐이라는 말이 있다. 실제로 서양인들은 일본 사회를 조금 이상하게 보기는 해도 무시하지는 않으며, 중국인들은 꽤 미워하지만 그렇다고 깔보지는 않는다. 그런데 우리는 잘 알지도 못하면서 일단 무시하고 본다. 꼭 알아야 할 지점에서 눈을 그냥 감아버린다. 그래서는 안 된다. 혹여 전 세계 사람들이 다 일본을 무시한다 해도 우리만큼은 일본을 무시해서는 안 된다. 반대로 전 세계 사람들이 다 일본을 존경한다 해도 우리만큼은 그럴 필요가 없다.

지금부터 약 150년 전 일본에서는 메이지유신이라는 대변혁이 일어났다. 이로 인해 약 270년간 지속되었던 도쿠가와 막부는 무너지고 천황 중심의 메이지 정권이 수립되었다. 그리고 이후 일본은 우리로 치면 '급진개화파'가 역사의 주도권을 잡았다. 근대 일본을 아는 첫걸음은 메이지유신부터 시작하는 게 좋다. 프랑스 공부를 프랑스대혁명부터 하는 것과 비슷한 것이다. 메이지유신이 깔아놓은 레일 위를 근대 일본은 달려왔고, 현재도 그 레일을 크게 벗어났다고는 하기 어렵다. 이 책은 근대 일본의 레일을 깐 네 명의 급진개화파에 대한 얘기다. 그들의 이야기가 일본 역사와 친해지는 데, 나아가 일본의 현재를 이해하는 데 큰 도움이 되길 바란다.

끝으로 이 책의 집필은 「2019년도 서울대 미래기초 학문분야 기반조성사업」의 지원에 힘입은 바 크다. 또 집필을 독려해 준 북이십일의 장보라 님과 편집에 애를 써 준 안형욱 님께도 감사를 드리고 싶다.

1부

시대적
배경:

위기 앞의
일본

우리는 모두 하늘이 펼쳐놓은 그물망 속에서 산다. 달리 말하면 시대적 제약이다. 역사상 위업을 이룬 인물들은 이 그물망의 한 부분을 뚫고 나간 사람들이다. 이들의 영웅적 활약에만 흥미 본위로 집중하다 보면 영웅사관에 빠지거나 궁중사극의 재판이 될 것이고, 그물망 분석에만 치중하다 보면 역사에서 인간의 주체성은 희미해질 것이다. 이 책은 이 양자 간의 긴장관계를 항상 염두에 둘 것인데, 그러기 위해서 먼저 당시의 시대적 배경을 알아둘 필요가 있다.

막부 말기 일본과
조선의 경제 상황

우리가 역사상 인물을 공부한다는 것은 어렸을 때 영웅전, 위인전을 읽는 것과는 다른 것이어야 한다. 어떤 인물을 알기 위해서는 그 사람이 살았던 역사적 배경을 먼저 알아야 한다. 왜냐하면 어떤 위대한 영웅이나 위인도 자신의 시대적 제약을 온몸으로 겪을 수밖에 없기 때문이다. 영웅과 위인은 그 시대적 제약을 불굴의 의지와 노력으로 한 겹, 두 겹, 혹은 세 겹 벗겨낸 사람들이다. 따라서 이 인물들 속으로 들어가기 전에 먼저 메이지유신이 일어난 당시 일본의 상황을 대략적으로나마 알고 있을 필요가 있다.

이 책에 등장하는 인물들이 살았던 시대의 일본은 도쿠

가와 막부가 통치하던 때다(1603~1868년). 다 아는 대로 그 당시 우리는 조선시대, 중국은 청나라 때였다. 그럼 도쿠가와 시대의 일본은 어떤 나라였나?

흔히 우리는 일본이 옛날에는 우리보다 못했고 가난했는데 근대에 들어와서 서양 문물을 빨리 받아들이는 통에 우리를 앞서기 시작했다고 생각한다. 그런데 사실은 임진왜란 이후에 수립된 도쿠가와 막부 치하에서 일본은 급속히 발전했다. 이때 이미 무시할 수 없는 강국이 되었고 부자나라가 되었다. 문화적으로도 세련된 수준에 이르러 다도, 가부키, 기모노 등 우리가 알고 있는 일본의 전통문화는 대개 이때 형성되었다.

18세기 전반 조선에서 영조가 통치하던 무렵, 일본 인구는 3000만 명이 넘는다. 우리 인구가 그에 이르는 것은 해방 무렵이다. 당시 조선 인구는 많이 잡으면 1500만 명이지만 대략 1000만 명 정도로 추정된다. 이것은 지금 한일 인구 비율과 일치한다. 남북한 인구를 합치면 7500만 명. 일본은 1억 3000만 명 정도로 예나 지금이나 약 두 배 정도, 혹은 그 이상이다. 일본은 왜국倭國이 아니라 큰 나라다. 특히 수도였던 에도, 지금의 도쿄 인구는 100만 명이었다. 우리 서울은 약 20만 명 정도다. 당시 전 세계에서 인구 100만 도시는 청나라의 베이징 등 몇 개밖에 되지 않았다. 오사카, 교토도 모두 인구가 30만 명이 넘는 대도시였다.

다음으로 도쿠가와 시대 일본에서는 상업과 화폐경제가 놀랄 정도로 발달했다. 이게 조선과 가장 다른 점이다. 조선도 농업생산력이 높은 나라였다. 특히 밭작물 생산력은 세계적 수준이었다고 한다. 이런 힘으로 1000만 명이나 되는 인구를 유지했던 것이다.

그런데 이렇게 높은 농업생산력을 갖고 있으면서도 상품과 화폐경제는 위축되어 있었다. 어떤 학자는 이를 두고 국가재분배 경제라고도 한다. 이게 조선사의 흥미로운 점이다. 왜 조선은 이웃인 청이나 일본과는 달리 상업이 발전하지 않았는가, 혹은 그토록 성공적으로 상업 발전을 통제할 수 있었는가. 그러면서도 어떻게 나름대로 고도의 사회수준과 문명을 유지할 수 있었는가 하는 문제 말이다.

유럽 이외 지역에서도 근대의 '맹아'가 있었다는 주장을 하고 싶으면 청과 도쿠가와 일본을 연구 대상으로 하는 게 더 적절할 것이다. 조선은 근대인인 우리들에게는 훨씬 낯설고 이해하기 어려운 사회다. 그런 만큼 근대를 상대화하고 근대를 넘어서려는 상상에 강한 자극을 줄 수 있는 연구 대상이다. 예를 들어 조선의 위정자들이 가장 우려했던 것은 빈부격차였다. 한 사회에 엄청난 부가 쌓이고 상품, 화폐경제가 발달하게 되면 그 혜택을 골고루 보는 것이 아니라 반드시 빈부격차가 발생하게 된다고 보았다. 그래서 그들은 하향평준화가 되는 한이 있더라도 이를 억제하려고 했다. 왜냐하면 빈부격차는 반드시 사회불안을 낳기 때문이다. 사실 요즘 우리나라 상황을 보면 당시 그들의 생각이 그렇게 틀린 것도 아닌 것 같다.

울분에 찬 사무라이들,
도약을 꿈꾸다

하급 사무라이들의 현실

다시 도쿠가와 시대로 말을 돌리자. 경제발전으로 생긴 부의 과실은 대부분 에도, 오사카, 교토의 대상인들에게로 갔다. 그다음은 농민들이다. 농민들의 생산력이 높아지면 그만큼 세금으로 뜯어가는 게 보통인데, 당시 막부나 번 정부는 그렇게 하지 못했다. 세금을 올릴라치면 곧바로 농민봉기一揆, 잇키가 일어났기 때문이다. 그만큼 농민들이 잘 조직되고 단결되어 있었다. 그래서 도쿠가와 시대 농민들의 생활수준은 제법 높았던 듯하다. 농민들을 위한 여행 가이드북도 대량으로 출판되었고, 실제로 농민들이 농한기를 이용해서 저 멀리 이세신궁伊勢神宮까지 참배 겸 여행을 떠나는 일이 유행처럼 번지기도 했다. 또 막부가 시시때때로 검약령을 내려 농민들의 사치를 금지했던 걸 봐도 저간의 사정을 짐작할 수 있다.

경제성장의 혜택을 입지 못한 계층은 정작 지배층인 사무라이였다. 도쿠가와 시대 사무라이들은 주군인 대명^{大名}에게서 봉록으로 쌀을 받아 생활하는 봉급생활자였다. 게다가 농촌을 떠나 대명의 성 근처^{城下町, 성하정}에 살도록 되어 있었다. 사무라이들이 농촌에 거주하며 농민과 연계해 반란을 일으키지 못하도록 한 조치였다(병농분리^{兵農分離}). 즉 그들은 봉급을 받는 도시민이었다.

그런데 도쿠가와 시대 내내 일반물가 상승률은 쌀값 상승률을 웃돌았다. 사무라이들의 실질임금은 경향적으로 감소했던 것이다. 경제성장으로 인플레이션이 발생하면서 사무라이, 그중에서도 봉록 수준이 낮은 하급 사무라이들이 경제적으로 곤궁에 빠지게 되었다. 특히 1850년대에 개항이 되자 물가는 급격하게 올랐고 이들은 큰 타격을 받았다. 배외운동에 나서기 좋은 상황이었다.

경제발전의 그늘에 가려져 있던 또 다른 계층은 농촌의 빈농, 도시의 빈민들이었다. 이 사람들은 경제 침체가 일어날 때 가장 먼저, 강하게 타격을 받는 계층인데, 특히 물가 상승은 임노동자들인 이들에게는 재앙이었다. 이처럼 사회변화에 따라 과실과 손해가 생기게 되면 주로 손해를 보는 층이 사회를 바꾸려고 할 것이다. 그런데 사회변혁을 하기 위해서는 교육, 정보, 조직 등 어느 정도의 사회적 자원이 갖춰져야 한다. 빈민, 빈농보다는 하급 사무라이가 나서게 된 이유다.

특히 18세기 말, 19세기에 들어가면 하급 사무라이들의 경제적 궁핍이 아주 심해진다. 많은 사무라이들이 세상에 대한 불만을 토해냈다. 그런데 일본에는 과거제도가 없다. 조선의 양반들은 가난해도 과거에만 붙으면 일거에 신세가 핀다. 그런데 사무라이는 문장 배우는 사람들이 아니니까 그 사회엔 당연히 과거제가 없다. 그럼 사무라이는 무엇으로 출세할 수 있나? 전쟁이다. 평생 닦은 무술 실력으로 전투에서 큰 공훈을 세우면 일거에 집안도 일으켜세우고 거액의 봉록도 받을 수 있다. 전쟁이야말로 사무라이들의 존재이유다.

그런데 도쿠가와 시대는 사무라이 국가이면서도 1615년 오사카 전투 이후 250년간 이렇다 할 전쟁이 없었다. 세계 역사상 보기 드문 장기 평화 시대였다. 차고 다니는 칼은 무용지물이었다. 그러니 사무라이들이 출세할 일도 없고, 그저 주군이 맡긴 자잘한 사무나 보며 쥐꼬리만 한 녹봉을 받아 근근이 생활해나가는 것이 그들의 인생이었다. 세상이 소란해지고 전쟁을 해야 자기들이 위세를 부릴 수 있을 터였다. 아무리 상업이 발달해도 경제를 모르는 사무라이들에게는 그림의 떡이었고 상인들의 배만 불릴 뿐이었다. 불만에 찬 사무라이들이 거리를 가득 메우고 있었다.

칼을 차고 유학을 공부하다

일본은 원래 유학의 나라가 아니다. 그런데 19세기 사료를 읽다 보면 대부분의 사무라이들이 유학 관련 책을 읽었음을 알 수 있다. 최근 연구에 따르면 19세기는 일본에서 유학, 그중에서도 주자학이 최고의 전성기를 구가하던 시대였다. 메이지유신이라는 일본의 근대화 변혁은 서구의 문물에 자극받아 이루어졌지만, 동시에 그 밑바탕에는 유학, 특히 주자학에 대한 높은 수준의 훈련과 학습이 있었다. 만약에 주자학 학습이 이 시기 약 100년 동안 줄기차게 이뤄지지 않았다면 칸트나 헤겔 사상이 들어왔어도 일본인들이 이를 이해하기는 어려웠을 것이다. 19세기 후반의 일본인들은 주자학의 개념이나 용어를 통해 서구 문물을 변형해서 이해했다고 봐야 할 것이다.

어쨌든 19세기 사무라이는 검술만 훈련한 게 아니라 '독서하는 사무라이'였다. 사카모토 료마도, 이토 히로부미도 모두 '독서하는 사무라이'다. 도요토미 히데요시나 오다 노부나가織田信長와는 종류가 다른 사무라이다. 그런데 유학이라는 게 무엇인가? 유학이라는 건 사람을 정치에 관심 갖게 만든다. 유학에 접한 사무라이들은 아무리 기다려도 오지 않는 전투 대신, 천하대사의 정치에 뛰어들기 시작했다. 사무라이면서도 칼을 휘두르거나 말을 타는 게 아니라 얌전히 칼을 허리춤에 찬 채 책을 읽고 있는 것이 당시 사무라이의 모습이었다.

열도에 찾아온 위기

대외 위기의 시작

여기에 더해 하급 사무라이들을 분기시켰던 것은 대외 위기의식이다. 아무리 유학공부를 한다 해도 이들은 어디까지나 군인이었으므로 전쟁이나 외세 침략에 더욱더 예민할 수밖에 없었다. 전쟁 승패에 더할 나위 없이 민감했다. '쇼부勝負, 승부'는 이들의 모든 것이었다. 그런데 18세기 말 지금의 홋카이도北海道에 러시아인들이 내려오기 시작했다. 이에 일부 사무라이들은 러시아인들이 홋카이도를 차지할 것을 우려하며 이를 예의주시했다. 지도 제작에도 공을 들여 서양에서 많은 지도들을 들여오기도 하고 스스로도 수준 높은 지도를 만들었다. 다음의 지도는 1785년에 하야시

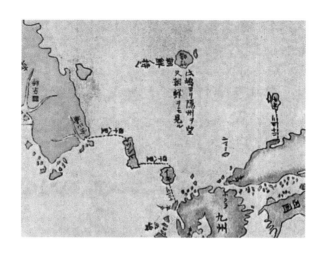

1785년 하야시 시헤이가 쓴 『삼국통람도설』에 나오는 지도

시헤이林子平가 만든 지도로, 독도와 울릉도까지 표시된 한반도와 일본 규슈 지역을 그리고 있다. 여기서는 울릉도와 주변 섬을 조선 영역으로 명기해놓은 것이 눈길을 끈다.

막부는 1800년을 전후로 해서 이곳에 탐험대를 파견했다. 탐험대는 몇 차례에 걸쳐 파견되었는데 다음 페이지 그림에서 보는 것처럼 홋카이도뿐 아니라 사할린, 흑룡강 하구까지 샅샅이 조사했다. 또 쿠릴열도도 자세하게 조사했다. 가보니 러시아인들이 이곳에 살던 아이누족들을 지배하기

마부 탐험대의 북방 탐험 경로

시작하고 있었다. 홋카이도와 사할린, 쿠릴열도를 둘러싼 러시아-일본 간의 오랜 분쟁은 이때 시작되었다.

원래 일본은 섬나라이기 때문에 국방상 천험의 요새에 가까웠다. 실제로 20세기가 시작되기 전까지 외세 침략은 13세기 몽골침입 외에는 거의 없었다. 우리가 여몽연합군으로 기억하고 있는 그 사건이다. 세계적으로 유례가 없을 것이다. 그런데 19세기 초반 증기선이 나타나자 상황은 극적으로 반전되었다. 풍향에 상관없이 빠른 속도로 많은 병력과 무기와 상품을 운반할 수 있는 증기선의 등장으로 일본은 순식간에 안보상 위험한 지역이 되었다. 섬나라라는 게 오히려 악조건이 된 것이다.

특히 막부가 있던 에도는 항구도시였다. 우리의 서울이나 중국의 베이징이 바다에서 어느 정도 떨어져 있던 데 반해 에도 앞은 바로 바다였다. 게다가 다음 페이지 그림에서 보듯이 에도만 입구는 대단히 좁아서 몇 척의 증기선이면 손쉽게 봉쇄할 수 있었다. 해군이 전무한 도쿠가와 일본은 속수무책, 수수방관할 수밖에 없을 것이다. 그럴 경우 전국에서 선박에 실려 에도로 들어오던 물자수송은 일시에 중지될 것이고, 인구 100만의 에도는 대혼란에 빠질 것이 분명했다.

그러나 당장 눈앞에 급박한 위협이 없는 상태에서 대부분의 사람들은 태평성대를 구가했고, 위기의식을 고조하는 사람들을 쓸데없는 분란을 일으키는 사람으로 치부했다. 이에 대해 후기미토학後期水戶學의 시조인 후지타 유코쿠藤田幽谷는 다음과 같이 강하게 비판했다.

에도만의 지형

지금 도쿠가와 가문은 무㤭로 나라를 세워 오사카 여름 전투 (오사카에 있던 도요토미 히데요시의 아들 히데요리를 토벌한 전투)로 전쟁이 끝난 이래 거의 200년에 걸쳐 나라 안은 평화가 계속되어, 좀도둑조차 드문 세상이 되었습니다. 백성들은 늙어 죽을 때까지 전쟁을 모르고 태평이 넘쳐나는데, 이것은 역사가 시작된 이래 처음입니다. 그러는 동안 무사와 병사들은 관직을 세습하고 주지육림으로 포식하여 노래와

음악의 즐거움에 빠져 있어, 눈과 귀는 타락했고 근육은 둔해지고 말았습니다. 천하는 신분의 상하를 불문하고 밀물에 쓸리듯 취생몽사醉生夢死하여, 전쟁이 날 수 있다는 것을 잊어버리고 말았으니, 이 역시 역사가 시작된 이래 처음 있는 일입니다. 그러나 북방에는 러시아라는 교활한 나라가 있어, 신주神州, 일본를 빼앗으려 노리며, 항상 남하하려고 계획하고 있습니다. 아아, 한탄스럽게도 사람들은 작은 지혜에 우쭐대고 있어, 러시아인의 큰 지혜에 미치지 못합니다. 작은 새의 좁은 식견으로 대붕大鵬이 하는 일을 비웃고 있습니다. 말하자면 장작의 비유 그대로이니, 쌓아놓은 장작 위에 불을 붙이고 그 위에서 자면서 아직 불길이 올라오지 않았으니 걱정할 필요 없다고 말하는 것과 같습니다. 오늘날 일본의 모습이 바로 이러합니다. (「정사봉사丁巳封事」)

아편전쟁과 서양 열강과의 조약

이런 위기감이 현실로 다가온 것이 아편전쟁이었다. 신식화기로 중무장한 영국의 증기선 앞에 대청제국은 맥을 못 추었다. 하지만 일본은 신속하게 반응했다. 청과 남경조약을 맺은 영국이 뱃머리를 일본으로 돌릴 것이라는 흉흉한 소문도 돌았다. 쇄국이 국시인데 청나라처럼 개항을 할 수는 없었다. 개항을 거부하면 전쟁은 당연했고 전쟁을 하면 필패였다. 사무라이 정권인 막부는 청 조정처럼 서양 오랑캐 따위는 이길 수 있다는 환상을 갖고 있지 않았다. 오직 무력으로 권력을 유지해온 막부이기에 전쟁에서 지면 끝장이었다.

청나라는 아편전쟁에서 지고도 건재했지만, 막부는 다르다. 장군將軍의 원래 이름은 정이대장군征夷大將軍 아닌가. 말 그대로 오랑캐를 정벌하라고 있는 자리다. 전쟁에서 지면 그대로 무너지는 것이다. 이게 막부가 서양과의 전쟁을 끝내 회피한 이유다. 실제로 막부가 무너진 것은 조슈번長州藩과의 전쟁에서 패한 게 결정타였다. 무력이 정통성의 원천이다.

이 때문에 막부는 그간 유지해온 외국선 격퇴령(이국선 타불령異國船打拂令)을 철회하고 서양선박이 나타나면 식량, 물 등 원하는 것을 주고 좋게 좋게 돌려보내라는 새로운 방침을 정했다(신수급여령薪水給與令). 그러고는 에도와 도호쿠東北 지역을 잇는 대운하 공사에 착수한다. 대운하를 뚫어 에도만이 봉쇄되었을 때 후방부에서 물자를 공급할 수 있게 하기 위한 것이었다, 물론 끝까지 완성되지는 않았지만. 그럴 정도로 위기감이 컸다는 것이고, 그 위기감에는 아편전쟁이 큰 영향을 미쳤다.

이처럼 막부는 비록 쇄국 상태에 있었지만 해외 정세에 촉각을 곤두세우고 있었다. 주요 정보원은 나가사키에 주재하고 있던 네덜란드인들이었다. 자급경제의 발전으로 네덜란드와의 무역은 이때 이미 큰 의미를 갖지 못했지만 그들이 가져다주는 정보는 최상급이었다. 미국이 페리 제독을 일본에 파견할 거라는 것도 네덜란드를 통해 이미 1년 전에는 알고 있었다.

이런 상황에서 1853년 미국 동인도함대 사령관 페리가 증기선을 이끌고 에도만에 나타났다. 검은 연기를 내뿜고 바람처럼 달리는 시커먼 함선(흑선黑船)은 일본 서민들도 해안가에서 볼 수 있을 만큼 가까이 접근했다. 막부도 에도 시내도 발칵 뒤집혔다. 공교롭게도 이 책에서 다루는 요시다 쇼인과 사카모토 료마도 이때 에도에 유학 와 있었다. 눈앞에서 페리 함대를 맞닥뜨린 것이다. 이 강렬한 체험은 그들에게 커다란 영향을 끼쳤다.

페리 제독이 강력하게 압박하자 막부는 1854년 미일화친조약(가나가와 조약)을 체결했다. 이때 요시다 쇼인 24세,

사카모토 료마 18세, 사이고 다카모리 26세, 오쿠보 도시미치는 24세였다. 역사에서는 이를 일본의 개국으로 서술한다. 하지만 통상을 약속한 것은 아니었고 그저 태평양을 가로질러 중국으로 가는 미국 선박이 기항하여 석탄, 식량 등 필요한 물자를 보급받을 수 있게 한 조약이었다. 하코다테와 시모다가 이때 기항지로 정해졌다. 이 밖에 장래에 총영사를 둘 것도 조약 내용 중에 있었다. 이를 근거로 미국은 1856년 초대 총영사로 타운샌드 해리스를 파견했다. 해리스의 목적은 페리가 실패한 과제의 달성이었다. 즉 일본과 정식으로 외교관계를 맺고 통상을 개시하는 것이었다. 막부는 끈기 있게 거부했지만 해리스는 때마침 일어난 애로호 사건을 이용했다. 청을 공격하는 영불연합군이 일본에 쳐들어올 거라고 협박하면서 미국과 먼저 좋은 조건으로 조약을 맺으라고 한 것이다.

해리스의 압력을 이기지 못하고 막부는 1858년 무역을 허용하는 조약을 체결했다(미일통상조약). 이어 영국, 러시아, 프랑스, 네덜란드와도 통상조약을 체결했다. 이제 일본은 본격적으로 서양과의 무역에 뛰어든 것이다. 조선이 일본과 강화도 조약을 맺은 것이 1876년이었으니 그보다 20년 가까이 빠른 것이었고, 서양 열강과 조약을 맺기 시작한 것이 1880년대 초였으니 약 25년 정도 전의 일이었다.

사무라이들은 어떻게 대외 위기의식을
강하게 가지게 되었나?

서구 열강의 출현은 무엇보다도 군사적 위협을
의미했다. 성경이나 무역품에 앞서 함선과 대포가
먼저 나타났기 때문이다. 무인 집단인 사무라이는
본능적으로 전쟁의 위기를 직감했고, 승산을 냉
혹하게 계산했다. 무인의 입장에서 전쟁의 승산은
예측할 수 있는 것이다. 아무리 생각해봐도 승산
이 없으니 그들은 전쟁개시를 일단 미뤄두고 승
산 있는 군대를 만들기 위해 내정개혁을 서둘렀

다. 대외 위기감과 국내개혁은 동시에 상승했다.

빠른 정보유통도 위기의식을 부추겼다. 막부는 나가사키에 있던 네덜란드인들을 통해 해외동향을 신속히 파악했다. 대명들도 이런 정보를 얻기 위해 맹렬히 공작하고 노력했다. 한번 유출된 정보는 점점 광범위하게 퍼져나갔다. 당시 일본인들의 문해력은 매우 높은 편이었는데, 사무라이뿐 아니라 일반 민중들도 각종 해외정보를 필사해서 유통시켰다.

이런 위기감을 더욱 고조시킨 것은 안보환경의 극적인 변화였다. 사방이 바다인 일본은 과거에는 천험의 요새라 할 만했다. 열도 바깥 세력의 군사적 침략은 13세기 몽골을 제외하면 거의 없었다. 세계사상 희귀한 예다. 드넓고 험한 동중국해 저편에서 일본은 고립을 즐겼다. 그러나 19세기에 들어서 서양 열강이 증기선으로 강력한 해군을 편성하자 사정은 180도 달라졌다. 증기선은 계절풍을 필요로 하지 않았고, 중화기와 많은 병력을 싣고 자유자재로 일본 해안을 드나

들었다.

　서양 열강이 마음만 먹으면 오사카도 에도도 포격할 수 있었다. 이를 막을 일본의 해군은 전무했고, 일본을 도와줄 외부세력도 없었다. 일본열도는 삽시간에 고립무원의 지경에 빠지게 된 것이다. 아편전쟁에서 영국함선이 청나라 군대를 농락하는 것을 접하자 우려는 더욱 현실감을 띠게 되었다.

　서양 열강의 움직임을 본 사무라이들은 즉각 전국시대를 떠올렸다. 멀리는 고대 중국의 전국시대고 가까이는 300년 전 일본의 전국시대다. 어떻게 보면 당시 일본에 존재하던 막부와 번 체제는 그 전국시대의 휴전체제였다. 세상에 다시 전국시대가 도래한다면 그것은 일본의 위기일 뿐 아니라 막부와 번, 혹은 번 상호간의 쟁패가 재연되는 것을 의미했다. 대외 위기의식과 대내 위기의식은 맞물려 있었다.

사무라이가 주축이 되어 메이지유신을
일으켰다고 하는데, 그렇다면 다른 계
층에서는 어떤 움직임이 있었는가?

계급사관이 학계에서 유행할 때에는 변혁은 반드
시 피지배계급이 일으킨다는 전제 같은 것이 있
었다. 역사학에서 실증도 하기 전에 전제 같은 것
이 있어서는 안 되지만 그땐 그랬다. 이 사관에 잘
들어맞는 게 프랑스혁명과 러시아혁명이었다. 귀
족지배는 부르주아가, 부르주아 지배는 프롤레타
리아가 타도했기 때문이다. 중국혁명은 부르주아
도 프롤레타리아도 아닌 농민이 수행했다. 이러
니 기존의 계급사관과 맞지 않아 만들어진 것이
마오쩌둥 이론이었다.

　　일본의 좌파 역사학자들도 메이지유신을 계급
사관으로 설명하려고 오랫동안 애썼다. 일본 농촌
에서 자본주의적 경제요소를 발견하려고 하거나 상
층 농민이 하급 사무라이와 연대하여 메이지유신을
일으켰다가 사무라이층에 배신당했다는 설명방식

을 취해왔다. 그러나 그에 걸맞은 부르주아적 움직임을 사료를 통해 검증하는 데 실패했다. 사무라이들이 변혁운동을 전개해나갈 때 농촌 부르주아들이 부분적으로 그에 가담하기는 했으나, 어디까지나 주도권은 사무라이층에 있었다. 그리고 대다수 농민들은 변혁 과정에서 관망적인 태도를 취했다.

상인은 어땠을까. 상업이 퍽 발달한 도쿠가와 사회에는 대상인들도 많았다. 에도, 오사카, 교토 등 거대도시에서 강력한 경제적 파워를 자랑하던 그들이었지만, 어떻게 된 일인지 메이지유신에는 적극적으로 간여하지 않았다. 그들은 자신들이 갖고 있는 경제력에 상응하는 정치권력 보유에 별반 관심을 보이지 않았다. 당연히 상인계층의 권력장악을 정당화하는 어떤 정치사상도 만들어내지 않았다. 그들은 변혁 과정에서 승산이 있어 보이는 쪽에 줄대기에 바빴다. 양쪽에 다 보험을 들어두기도 했다. 그들의 자금은 막부와 반막부 양쪽에 다 흘러들어갔지만, 자신이 정치세력화하는 일은 끝내 일어나지 않았다.

이처럼 메이지유신 과정에서 농민, 상인이라고 하는 주요 피지배세력은 사무라이층에 비해 적극적인 역할을 하지 못했다. 메이지유신은 지배층인 사무라이층 내부의 다툼과 그 파장으로 일어난 것이고, 그 속에서 급진개혁파가 주도권을 잡아 이뤄낸 변혁이었다. 이런 메이지유신의 성격은 일본 사회에 보수성과 안정성을 동시에 가져다주었다. 보수성이라고 해서 변화를 거부한다는 뜻은 아니다. 커다란 변혁을 보수세력이 점진적인 방법을 통해 수행한다는 것이다. 그러니 변혁이 진행되어도 사회질서가 총체적으로 붕괴되는 일 없이 안정성을 유지할 수 있는 것이다.

이런 특성 때문에 일본 대중은 정치참여에 관심이 덜하다. 정치란 어차피 특정 사람들이 하는 것이란 생각이 자연스레 형성된 것이다. 또 그만큼 가만히 있어도 지배층이 점진적 개혁을 진행해주어왔기 때문이기도 하다. 지금 일본의 위기는 이 패턴이 작동하지 않는 데서 비롯된 측면이 크다. 일본 시민들은 이 문제를 어떻게 헤쳐나갈 것인가.

2부 _____

메이지유신의 스승,

요시다 쇼인

요시다 쇼인은 스스로를 광인이라고 불렀다. 내가 봐도 그는 정상이 아니었다. 그런데도 왜 그토록 많은 젊은 인재들이 그에게 매료되었던 것일까. 그는 그물코를 하나하나 찾아가며 그물망을 돌파하려 하기보다는 그냥 온몸으로 거기에 들이받은 사람이었다. 무모하다면 무모했다. "지성을 다했는데도 움직이지 않는 것은 없다", 그의 신조다. 쇼인은 세상이 움직이는 것을 보지 못하고 죽었지만, 그의 지성 탓인지 그가 죽은 직후부터 세상은 움직이기 시작했다.

바깥세상, 더 바깥세상을 찾아 나서다

메이지유신이 태동한 조슈번

'하기萩'라는 작은 도시가 있다. 이 도시 이름이 다소 생소할 것이다. 막부를 타도하고 메이지유신을 이룩한 조슈번의 성하정城下町, 영주와 사무라이들이 거주하는 도시이다. 지금은 비행기로 후쿠오카에 내려 신칸센을 타고 야마구치로 간 후 거기서 다른 교통편을 이용해야 들어갈 수 있는 지방 소도시다. 도쿠가와 시대에는 인구 3만 명 정도였는데 지금도 5만 명에 불과하다. 거의 발전을 못 한 것이다. 그 덕분에 옛 성하정의 모습이 제법 남아 있다. 여기를 가면 대체로 성하정의 감이 온다. 그래서 나도 수차례 답사를 다녀왔다.

번藩이란 봉건국가를 말한다. 도쿠가와 막부는 약 270개의 번으로 나뉘어 있었다. 다음 그림은 번의 주인인 대명이 일본열도에 어떻게 배치되어 있었는지를 보여주는 지도다.

여기서 회색 구역이 세키가하라 전투(1600년)에서 도요토미 히데요시와 도쿠가와 이에야스가 승부를 겨룰 때 도요토미 편을 들었던 대명들의 영지다(이들을 외양 대명外樣大名이라고 한다). 도쿠가와씨에 한때 대항했던 세력들이며 주로 일본열도 변방에 위치해 있음을 알 수 있다. 이중에 조슈번, 사쓰마번, 도사번 등이 있고, 이들이 훗날 메이지유신을 일으키는 주인공이 된다. 참고로 연한 보라색 구역은 역대 전쟁에서 도쿠가와씨 편에 섰던 우군들이다. 이를 보대 대명譜代大名이라고 한다. 그리고 가장 진한 구역은 막부 직할령이다. 면적도 넓지만 무역항 나가사키와 금광이 있는 사도 섬, 그리고 농업생산력이 뛰어난 지역, 교통요지 등 노른자위 땅이 포함되어 있다. 막부의 경제력은 전국 총생산의 대략 25퍼센트 정도였다.

메이지유신과 일본 근대사에서 조슈번이 배출한 인물은 이루 헤아릴 수가 없다. 사쓰마번까지도 제치고 단연 톱이라고 할 수 있다. 기도 다카요시, 다카스기 신사쿠, 구사카 겐즈이, 이토 히로부미, 야마가타 아리토모, 시나가와 야지로,

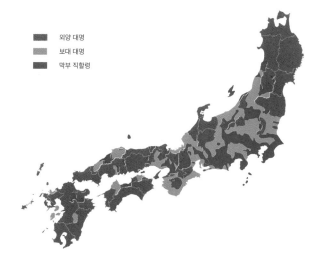

외양 대명
보대 대명
막부 직할령

번의 주인, 대명의 배치도

마에바라 잇세이, 오무라 마스지로, 노기 마레스케 등 메이지유신에서 큰 활약을 했던 사람들뿐 아니라 20세기 들어서도 수상과 대신, 장군들이 이 벽지에서 무더기로 배출되었다. 기시 노부스케, 아베 신조 수상도 이곳 출신이다. 1대, 2대 조선통감과 조선총독도 여기 출신이니 우리와의 악연도 만만치 않다.

하기는 당시 다른 성하정들과 마찬가지로 번주藩主가 사

는 성을 중심으로 계획·설계된 도시다. 바둑판처럼 조성된 도시에 신분별로 주거지가 구획되고 신분 내에서도 지체 높은 집안일수록 성 가까이에 있었다. 하기의 동쪽에는 마쓰모토^{松本} 강이 흐른다. 하기를 방문한 사람들은 옛 시가지를 구경한 다음, 이 강을 건너지 않을 수 없다. 강 너머에 요시다 쇼인의 생가와 신사, 그리고 송하촌숙^{松下村塾}이 있기 때문이다. 강을 건너자마자 거대한 쇼인신사^{松陰神社}가 나타난다. 그리고 그 입구에는 '명치유신태동지지^{明治維新胎動之地}, 메이지유신이 태동한 곳'라는 커다란 비석이 눈에 띈다. 글씨를 쓴 사람은 아베 수상의 작은 외할아버지 사토 에이사쿠(기시 노부스케 전 수상의 동생)이다.

그런데 성하정의 외곽 변두리인 이곳에서 어떻게 메이지유신이 태동했다는 것일까? 앞서 열거한 수많은 인재들을 길러낸 사람이 요시다 쇼인이고, 인재들을 가르친 학교가 송하촌숙이기 때문이다. 그럼 요시다 쇼인은 어떤 사람인지 살펴보자.

1830년(덴포 1년) 8월 4일(이하 월일은 음력), 쇼인은 스기 유리노스케^{杉百合之助}의 3남 4녀 중 차남으로 태어났다. 그러니까 원래는 성이 스기였지만 나중에 요시다가^家에 양자로 들어간 것이다. 타성양자他姓養子는 일본에서는 흔한 일이다. 조선에서도 양자 관습이 있었지만 어디까지나 같은 집안, 혹은 동성 간에서 이뤄졌다. 조선과 일본의 가족제도는 사뭇 다르다. 이렇기 때문에 일본 역사에 등장하는 사람들 중에는 형제지간, 부자지간에도 성이 다른 사람들이 부지기수다. 그걸 모르고 있다가는 두 사람이 실제로는 친형제간이라는 중요한 사실을 놓치고 사태파악에 착오를 일으키게 된다.

예를 들어 아베 신조 수상이 롤 모델로 삼았다는 외조부의 이름은 기시 노부스케이지만, 그의 동생이자 역시 수상을 역임하고 노벨평화상을 수상한 사람의 이름은 사토 에이사쿠다. 성은 다르나 분명한 친형제다. 한 사람의 이름이 평생 여러 번 바뀌는 경우도 많다. 이토 히로부미의 원래 이름은 하야시 리스케인데, 이토가家에 양자로 가 성을 바꿨고 스승인 요시다 쇼인 밑에서 이름을 슌스케로 바꿔 이토 슌스케가 되었다. 그러다 메이지유신 후 다시 이름을 히로부미로 바꿨다. 한 사람이 열 개 넘는 이름을 갖는 경우도 있다. 이러니 일본사를 공부하는 사람은 괴롭다. 이런 사정이니 우리가 일본인에게 기분 나쁘다고 "이런 성을 갈

놈"이라고 해봤자 상대는 태연할 것이며, "이 약속을 깨면 내가 성을 갈겠다"고 한들 믿어주지 않는다. 재미있는 문화 차이다.

스기 가문은 원래 하기 동남쪽에 있던 하급 무사들이 모여 사는 동네에 있었지만 1813년 화재로 집을 잃은 후 집을 빌리며 전전했다. 이 집의 가록家祿은 대략 25석 안팎이었으니 부유하지 못했다. 쉽사리 새 집을 얻지 못하다가 1825년, 하기 동쪽 강 건너 끄트머리 마쓰모토촌에 간신히 집을 마련했다. 12년간의 세 살이에서 간신히 벗어난 것이다. 말이 사무라이 집안이지 실은 반사반농半士半農이었다.

쇼인도 어려서부터 농사일에 익숙했다. 쇼인의 숙부 중 한 명은 이 무렵 번의 병학사범兵學師範을 맡고 있는 요시다가에 양자로 갔었는데, 쇼인이 그의 뒤를 이어 양자로 갔다. 요시다 성을 받게 된 것이다. 요시다 가문은 가록 57석에 병학사범이었으니 본가인 스기가보다는 형편이 훨씬 나았고 쇼인에게도 출세할 가능성이 열렸다.

침략의 움직임을 포착하다

쇼인은 신동이었다. 농사나 짓고 있었다면 그 재능이 발휘

될 수 없었겠지만, 병학, 즉 학문을 접하자 압도적 재능이 빛나기 시작했다. 7세 전후로 번교藩校인 명륜관을 출입하기 시작했고, 1840년 10세 나이로 번주인 모리 다카치카 앞에서 『무교전서武教全書』라는 책을 강의해 이름을 알리기 시작했다. 그러나 그의 관심은 병학에 그치지 않았다. 아편전쟁 발발(1840년) 후 위기감을 느낀 일본은 서양에 대해 크게 주목하기 시작했다. 조슈번에도 서양 관련 서적들이 나돌아다니기 시작했다.

쇼인이 이를 놓칠 리 없었다. 서양 관련 서적을 구해 맹렬히 필사하고 읽었다. 1849년 19세 나이로 정식 병학교사가 된 후 올린 상서「수륙전략水陸戰略」을 보면 10대 시기 내내 그가 서양에 대해 공부해왔음을 알 수 있다. 조선에서는 강화도령 철종이 즉위하던 무렵이다.

지금은 프랑스, 영국의 두 오랑캐가 세월이 지나면서 서남쪽에서 동북으로 진출해오는 형세로 생각된다. 이미 영국은 인도를 취했고, 오스트레일리아를 개척했으며, 수마트라와 그 밖의 해도海島를 점거했다. 덴포기(1830~1844년)에 이르러서는 마침내 청나라를 어지럽힐 정도의 형세가 되었고,

두 오랑캐가 때때로 류큐(지금의 오키나와)와 조선에 상륙하여 무법을 행하기도 했다. 또 러시아는 북쪽 끝에서부터 일어나 시베리아를 개척하고 캄차카에 이르러 기지를 설치하고 군함을 준비하여 해도를 취하고 우리 에조땅(홋카이도, 사할린)을 압박하는 형세다. 좀 과하게 말한다면 우리 신주를 가운데 두고 서양 오랑캐들이 포위한 형세가 되어 있기 때문에 침략하려는 간사한 의도가 없다고 하기 어렵다.(「수륙전략」)

이미 세계 각 지역의 지명과 서양 열강의 침략 움직임을 정확히 포착하고 있다. 아편전쟁을 우발적인 사건이 아니라 영국, 프랑스가 동남아시아, 오스트레일리아를 침략한 연장선에 있는 것으로 파악했고, 류큐와 조선에 이양선이 출몰하고 있는 것도 제대로 인지하고 있었다. 북쪽으로는 러시아가 시베리아, 캄차카를 차지하고 사할린, 홋카이도 지역을 엿보고 있다고 간주하고, 일본이 이 서양 오랑캐들에게 포위될지도 모른다는 위기감을 토로하고 있다.

이런 정도의 세계정세 인식은 막말기幕末期 활동가들의 바이블이었던 『신론新論』(아이자와 야스시 저, 1825년)에 이미 나와 있으나 쇼인은 아직 이 책을 접하기 전이었으니 아마 다른 서책을 통해 해외 정보를 얻었을 것이다. 아편전쟁이 일어났다고는 하나 일본은 여전히 태평성대였으니 쇼인 스스로도 "좀 과하게 말한다면"이라고 하여, 이런 위기감이 좀 과장된 것이라고 의식하고는 있었다. 그러나 이 글에 나타난 세계정세에 대한 이미지는 점점 현실이 되어가는 듯했고 쇼인은 '포위된 신주'를 구출하는 데 일생을 걸었다.

여행으로 시대를 읽다

'하기에만 처박혀 있어서는 아무것도 안 된다'는 것이 쇼인의 생각이었다. 그래서 1850년 스물의 나이에 처음으로 조슈번을 떠나 규슈 여행을 하게 된다. 병학사범이요 번의 유망주였으니 번이 지원을 해주었다. 고쿠라, 사가, 나가사키, 히라도, 구마모토, 야나가와를 다녔다. 이 여행에서 그가 특히 힘쓴 것은 서양 정보 획득이었다. 나가사키에서는 정박해 있는 서양 선박을 관찰했고, 네덜란드 상관商館도 견학했다.

　히라도에서는 청나라의 위원魏源이 쓴 『성무기聖武記』의 부록을 열람했는데 여기에는 유럽의 신식병기와 아편전쟁의 전투경험, 실전기록 등이 담겨 있었다. 독후감은 "저들의 장기는 저들의 장기를 갖고 막는 것, 이것이 예로부터 이이공이以夷攻夷의 상책"이라는 것이었다. 히라도에서는 서양 서적을 부지런히 독파하고 못다 읽은 것은 초록해서 갖고 왔다.

유명한 양명학자 하야마 사나이葉山佐內도 방문했다. 번교 명륜관의 정학正學은 주자학이었지만 쇼인에게 그것은 중요하지 않았다. 주자학, 양명학, 국학, 미토학, 병학을 가리지 않고 섭렵했다. 4개월간의 공부여행이었다. 이후 쇼인의 길지 않은 인생은 감옥 아니면 여행이라고 할 정도로 부지런히 돌아다녔다. 규슈에서부터 도호쿠 지역까지 전 일본 열도를 누빈 것은 물론이고 나중에 나오겠지만 해외도항까지 시도했다.

도쿠가와 시대 내내 일본은 강고한 쇄국정책을 고집해서 외국인이 일본에 들어오는 것도, 일본인이 해외로 나가는 것도 엄격하게 통제했다. 외국인이 일본에 들어온 경우는 조선통신사, 류큐 사절단이 엄중한 경비하에 에도를 방문한 것과, 나가사키에 네덜란드, 청나라 무역상인이 특정지구에 거주할 수 있었던 것이 다였다. 일본인이 해외로 나갈 수 있었던 것은 쓰시마 상인들이 부산 왜관에 거주한 게 유일했다. 그 외에는 표류하지 않는 이상 외국 땅을 밟을 수 없었다. 놀라운 빗장이다. 쇼인은 이 바위 같은 빗장을 풀려고 했다. 그는 한사코 바깥세상을, 또 더 바깥세상을 보고 싶어 했다.

1851년 봄, 쇼인은 조슈번주가 참근교대^{參勤交代}를 위해 에도로 갈 때 유학생 명목으로 이를 따라갔다. 처음 보는 거대도시 에도였다. 에도는 천하의 인물들이 운집한 곳이다. 그는 당시 에도의 학계를 첫째 막부의 관학을 담당하는 하야시가^家와 사토 잇사이^{佐藤一齋} 학파, 둘째 아사카 곤사이^{安積艮齋}, 야마가 소스이^{山鹿素水} 그룹, 셋째 고가 긴이치로^{古賀謹一郎}, 사쿠마 쇼잔^{佐久間象山} 그룹으로 나누고 서양 사정에 정통한 세 번째 그룹을 가장 높게 평가했다.

대략 에도 분위기를 파악한 후 그는 다시 여행에 나섰다. 먼저 에도에서 사귄 친구들과 우라가^{浦賀}를 답사했다. 우라가는 미우라 반도 남단으로 서쪽에서 에도만으로 들어올 때 지나는 마지막 관문이었다. 2년 후인 1853년 페리 함대도 이곳에 정박하며 막부 관리와 담판을 벌였다.

여름이 되자 이번에는 도호쿠 여행을 떠났다. 10개월 동안 미토, 후쿠시마, 아이즈, 니가타, 사도, 히로사키, 아오모리, 쓰가루, 모리오카, 센다이, 닛코를 돌아다녔다. 미토에서는 존왕양이尊王攘夷의 바이블 『신론』을 지은 아이자와 야스시를 만났다. 이 책은 아직 출판되지는 않았으나(1857년 출판), 필사에 필사를 거쳐 이미 전국적으로 독자를 확보하고 있었다.

"일본은 대지의 원기다"로 시작하는 이 책은 일본이라는 국가의 연원과 성격을 밝히고 서양의 위협 앞에 어떻게 일본을 지켜야 할지를 격렬하고 선명한 문체로 갈파한 책이다. 이후 근대 일본 민족주의의 기반이 된, 천황을 중심으로 한 영원불변한 일본이라는 국체國體 개념은 이 책에서 출발했다고 할 수 있다. 국립외교원에 계신 김종학 교수가 몇 해 전 번역해서 한글로도 접할 수 있게 되었다. 아이자와의 사숙은 전국에서 배움을 구하는 청년들이 거쳐 갔는데, 쇼인도 여기서 인적 네트워크를 확대할 수 있었을 것이다.

송하촌숙에서
혁명의 불씨를 지피다

해군 양성의 절박성

그러나 1년에 가까운 도호쿠 여행을 마치고 에도로 돌아오자마자 쇼인은 조슈번에 송환당했다. 도호쿠로 떠날 때 밟아야 할 절차를 제대로 밟지 않았다는 이유에서였다. 번 당국은 아버지 집에서 근신하라는 명령을 일단 내리긴 했지만 그를 그냥 버려둘 조슈번이 아니었다. 근신 따위로 묵혀두기에는 세상은 점점 이상하게 돌아가기 시작했고, 그는 너무나 아까운 인재였다.

조슈번주는 그에게 다시 유학을 명했다. 그는 여기저기 떠돌다 페리가 오기 이틀 전 다시 에도에 왔다. 이때 에도에는 사카모토 료마, 이토 히로부미도 번의 명령으로 체재하고 있었다. 이들은 현장에서 페리의 등장을 직접 목격했던 것이다. 페리가 우라가에 나타났다는 소식을 들은 쇼인은 지체 없이 우라가로 향했다. 아무런 임무도 지위도 없는 상태였다. 무작정이라고 할 수밖에 없다. 가만히 있지를 못하는 것이다. 우라가로 가는 배 위에서 쓴 편지에는 "우라가에 이양선이 왔다고 해서 나는 지금부터 밤배로 갑니다. 해륙 모두 교통을 차단할 거라는 풍문이 있어 마음이 몹시 급합니다. 나는 듯이, 나는 듯이…"라는 구절이 있다. 막부가 교통을 차단하기 전에 현장을 보고 싶었던 것이다. 해상로도 막아버릴까봐 조바심 내는 열혈청년의 모습이 눈에 선하다.

우라가에서 미일 양측이 교섭하는 모습을 먼발치에서나마 관찰한 그는 에도로 돌아와 곧바로 번주에게 상서를 올려 서양 무기와 서양식 병제를 채용할 것, 군함 건조를 서두를 것, 네덜란드 군함을 구입할 것을 촉구했다. 당시 막부는 쌀 500석 이상을 실을 수 있는 대형 선박의 건조를 금지하고 있었다. 대명들이 대형 선박을 갖게 되면 서로 연대하기 쉬워지고 또 외국과 무역을 꾀할 가능성도 있었기 때문이다.

이 때문에 당시 일본은 해군이 전무한 상태였다. 군함은 고사하고 대형 상선조차도 없는 상태였으니 원양에는 감히 나가지도 못하고 연안을 따라 항해하는 배들만이 있을 뿐이었다. 이런 상황에서 페리가 몰고 온 거대한 증기선, 연기를 뿜어내는 이 새까만 배, 흑선은 경탄과 공포의 대상이었다. 그 배들이 일본 앞바다를 제 집처럼 휘젓고 다니고 에도만에 깊숙이 진입하며 위협을 가해도 적어도 해상에서는 속수무책이었다. '병학사범' 쇼인은 이제 검술로는 서양을 상대할 수 없음을 간파하고 해군 육성을 재촉한 것이다.

뒤에 나오겠지만 사카모토 료마도 이 무렵 고향의 난학자에게서 해군의 중요성을 배우게 되고, 이어 일본 해군 탄생의 아버지라 할 수 있는 가쓰 가이슈^{勝海舟}의 제자가 된다. 사무라이는 원래 해군과는 무관한 존재들이다. 창검술, 기마에 대한 이들의 집착은 거의 종교적인 것이었다. 그만큼 해군 육성이라는 발상의 전환은 용이한 것이 아니었다. 그러나 쇼인도, 료마도 이런 오랜 전통과 관례를 끊어버리고 해군 양성의 절박성을 바로 간파했다. 역사의 갈림길은 이런 데서 비롯된다.

해외 도항까지 시도하다

페리 함대를 지켜본 쇼인은 이미 세계의 대세가 크게 변화하고 있음을 직감했다. 어떻게든 해외로 나가보고 싶었다. 도대체 저 큰 증기선은 어떻게 만드는지, 저 총포와 대포는 얼마나 갖고 있는지, 군대훈련은 어떻게 하는지, 그 나라들의 경제력은 어느 정도 되는지 직접 눈으로 보고 싶었다. 그러나 나갈 방법이 없었다. 표류민과 쓰시마인을 제외하고는 250년간 아무도 바다를 건너지 못했다. 중국조차도 갈 수 없었다. 그럼 일부러 표류를 할까? 그는 정말 이런 생각을 했다.

"규슈 앞 바다에 있는 고토五島열도의 어부가 곧잘 상하이 쪽으로 표류한다고 한다. 표류는 구사일생의 매우 위험한 일이지만 만일 하늘이 돕는다면 바라는 대로 바람이 불어 상하이에 표착할 수 있을지도 모른다. 거기서부터는 미국으로 항로가 열려 있다고 하니 캘리포니아나 워싱턴에 갈 수 있을 것이다."

이보다 더 무모한 계획은 없을 것이다. 다행히(?) 실행에 옮기지는 않았다. 대신 그는 그해 가을 나가사키로 출발했다. 일본과의 첫 조약 체결을 두고 경쟁하던 페리가 일본에 나타났다는 소식을 듣자, 러시아의 푸차친 제독이 부랴부랴 나가사키에 입항한 것이다. 쇼인은 그 배를 타고 해외 도항을 하려고 했다. 실현가능성이 있을까 싶은 시도지만 그래도 위장표류보다는 낫다. 이번에도 다행히(?) 나가사키에 도착했을 때 러시아 사절단은 이미 떠나고 없었다. 그는 헛되이 다시 에도로 돌아왔다.

미국 대통령의 국서를 내밀고 국교를 요구하던 페리는 막부가 난색을 표하자 시간을 주겠노라며 일단 상하이로 물러갔다. 그러고는 1854년 초, 더 큰 함대를 이끌고 재차 나타났다. 막부는 더 이상 견디지 못하고 미일화친조약, 일명 가나가와 조약을 맺었다. 시모다, 하코다테를 미국 선박의 기항지로 개방하고, 영사주재를 허용하며, 최혜국대우를 약속한 조약이었다. 페리는 통상개시를 강하게 요구하지는 않았다. 무역개시는 용케 조약에서 제외되었다. 그렇지만 막부는 수백 년간의 쇄국을 깨고 드디어 서양 국가와 첫 외교관계를 수립했다. 일본의 개국이다.

그런 가운데 쇼인의 해외 도항 의욕은 꺾일 줄 몰랐다. 나가사키까지 헛걸음을 했건만 포기하지 않았다. 이번에는 화친조약을 맺고 유유히 시모다 항에 정박 중이던 페리 함대를 노렸다. 그는 그를 흠모하며 따르던 가네코 시게노 스케金子重之助와 함께 시모다로 달려갔다. 엄청난 행동력이다. 시모다 해안가에서 발견한 어선을 훔쳐 타고 무작정 미국 함선 쪽으로 노를 저어 갔다. 1854년 3월 27일이었다. 어선 한 척에는 해외 도항에 대비한 갖가지 물품을 싣고, 다른 한 척에는 쇼인과 가네코가 타고는 정박 중인 미시시피호에 다가갔다. 이들을 발견한 미국 수병이 나타났으나 말이 통할 리 없었다. 간신히 옆에 정박해 있는 포하탄호로 가라는 뜻을 알아채고 그리로 갔다. 포하탄호에 일단 승선하니 일본어 통역 윌리엄스가 있었고, 한문으로도 의사전달을 할 수 있었다.

"당신은 누구요?"

"책을 읽는 사람이오."

"미국에 가서 뭘 하려고 그러시오?"

"학문을 하고 싶소."

쇼인은 미국 측에 간절한 마음을 전했다.

중국의 책을 읽고서 유럽, 아메리카의 풍교風敎를 조금 알게 되어 오대주를 주유周遊하려는 마음이 생겼다. 그러나 일본은 해금海禁이 매우 엄격하여 외국인이 일본에 들어오는 것과, 일본인이 외국에 가는 것 모두 허용치 않는 법이 있다. (…) 무릇 절름발이가 뛰어다니는 사람을 보고, 뛰어다니는 자가 말 탄 자를 보았을 때 그 부러움이 어떻겠는가. 하물며 내가 평생 뛰어다니더라도 동서 30도, 남북 20도의 바깥을 나가지 못함에랴!(「투이서投夷書」, 『회고록』)

하지만 미국은 쇼인의 요청을 거절했다. 그도 그럴 것이 일본과의 어려운 개국교섭을 막 성공하고 돌아가려는 판에 이런 일로 막부와의 사이에 문제를 만들고 싶지 않았기 때문이다. 이때 쇼인이 만일 미국에 갔다면, 그 후 일본은, 또 그는 어떻게 되었을까? 많은 사람들의 상상력을 자극해온 장면이다.

송하촌숙의 탄생

쇼인은 도항에 실패한 후 곧바로 자수했고, 다시 조슈번 노야마옥野山獄에 투옥되었다. 나아가서는 여행(답사)을 다니고 돌아와서는 감옥에 갇히는 생활의 연속이었다. 옥이라고 해봐야 사무라이들을 가두는 곳이었기 때문에 대우도 괜찮았고 자유로운 생활도 어느 정도는 가능했던 모양이다. 그는 옥중에서 죄수들을 상대로 『맹자』를 강의했다. 이 강의는 1855년 12월 보석으로 풀려난 후에도 친족과 찾아오는 청년들을 상대로 자택에서 1857년 6월까지 계속되었고, 그 내용은 저 유명한 『강맹차기講孟箚記』로 정리되었다.

남을 가르치는 데 그친 게 아니었다. 14개월의 수감 기간 동안 독서에 열중해 554권의 책을 독파했다. 출옥 후에도 1856년에 505권의 책, 1857년에 385권의 책을 읽어제쳤다. 고향에 돌아온 후 3년간 약 1500권의 책을 읽어냈으니 가히 독서광이라 할 만하다.

쓰기도 열심히 썼다. 『유수록幽囚錄』, 『노야마옥 문고』, 『회고록』 등 45편의 저술이 이 3년간 쏟아져나왔다. 『맹자』에 이어 『일본외사』, 『춘추좌씨전』, 『자치통감』 등 일본과 중국의 역사서 강의가 이어졌다. 숙부와 부친도 강의를 들었고 옥에서 쇼인을 감시하다 그 인품을 흠모하게 된 옥리의 동생도 청강생이었다. 숙부 중 한 명인 다마키 분노신玉木文之進이 이전부터 송하촌숙이라는 사숙을 열고 있었는데, 쇼인의 학생이 날로 늘어나자 그가 이것을 인계했다. 쇼인 송하촌숙의 탄생이다.

쇼인이 인재들을 가르쳤던 송하촌숙

쇼인의 명성은 날로 높아지고 정치상황은 급박해졌다. 송하촌숙에 젊은이들이 몰려든 것은 당연했다. 그 수는 10여 명에서 금방 30여 명으로 늘어났다. 젊은 사무라이들의 리더인 구사카 겐즈이와 다카스기 신사쿠도 송하촌숙을 찾았다. 이어 시나가와 야지로와 이토 히로부미도 들어왔다. 공간이 모자라자 1857년 11월, 집 마당에 있던 소옥을 수리하여 다다미 8장짜리 한 칸 집을 신축했다. 그래도 몰려드는 사람들을 감당할 수 없었다. 이듬해 3월, 촌숙 학생들이 직접 다다미 10장 반짜리 교사를 지어 모두 합쳐 다다미 18장 반짜리 넓은 배움터가 마련되었다. 1858년에는 야마가타 아리토모, 노무라 야스시, 이리에 구이치도 입숙했다. 가히 훗날 메이지 정부의 내각 진용을 그대로 옮겨놓은 듯했다.

송하촌숙의 학습방법은 '회독會讀'이었다. 선생이나 선배가 일방적으로 강의하는 것이 아니라 특정 주제를 놓고 참가자들이 자유롭고 격렬하게 토론하는 방식이었다. 여기에는 신분도 나이차도 크게 문제가 되지 않았다. 야외에서 노동하며 회독하는 경우도 있었다.

격일로 『좌전左傳』, 『팔가八家』를 회독하면서 송하촌숙에서 기거했다. 오후 3시가 지나 회독이 끝났다. 그때부터 밭에 나가거나 쌀을 빻는데 숙생과 함께한다. (…) 대개 두세 명이 함께하는데 회독을 하면서 빻는다. 『사기史記』를 스무 서너 쪽 읽는 사이에 쌀 빻는 것이 끝나니 이 또한 유쾌한 일이다.(「요시다 쇼인이 구사카 겐즈이에게 보낸 서한」)

매우 자유롭게 보인다. 그러나 이런 학습방법은 기초부

터 차근차근 공부하며 자구 하나하나를 정밀하게 따지는, 아카데믹한 방법은 아니었다. 이 때문에 번교의 교수진에게서 큰 비판을 받곤 했다. 그러나 학정일치學政一致, 즉 학문은 곧바로 정치와 연결되지 않으면 안 된다고 생각했던 쇼인은 공부의 장을 곧잘 정치토론의 장으로 만들어버렸고 이를 장려했다. 바야흐로 정치의 계절이었다.

해외팽창을 위해선
체제 혁신을!

쇼인의 해외팽창론

송하촌숙에서 강의할 무렵을 전후해서 쇼인이 쓴 저술에는 해외팽창적인 태도가 두드러지게 나타난다. 단지 그만이 아니라 이 당시 많은 논자들이 군사적, 경제적인 해외진출을 주장했다. 예를 들면 사토 노부히로佐藤信淵라는 사람은 이미 19세기 초에 장대한 해외침략 구상을 밝혔다.

만주인은 조급하며 지모가 부족하고, 중국인은 나약하고 겁이 많다. 중국인은 조금만 놀랄 일이 있어도 꼭 많은 인원을 동원하여 구원하려고 할 것이다. 많은 인원이 만주까지 자꾸 동원되면 인력은 피폐해지고 재정은 고갈될 것은 말할 필요도 없다. 하물며 중국의 왕도인 베이징에서 만주 해안까지 왕복하려면 사막이 요원하고 산과 계곡은 매우 험난함에랴. 그런데 일본이 이것(만주)을 정벌하는 길은 겨우 160~170리의 해상이므로 순풍에 돛을 달면 하룻밤에 그 해안에 도달할 수 있다.(「혼동비책混同秘策」)

만주와 중국을 분리하여 생각하고 동해나 사할린 일대를 경유한 해상통로로 만주를 정복할 것을 주장한 글이다. 당시로서는 황당하기 이를 데 없는 생각이었지만, 1930년대 일본은 실제로 만주에 괴뢰국 만주국을 세워 중국과 분리시켰다. 사토는 이뿐 아니라 조선과 중국 침략의 방법도 아주 자세히 서술했다. 놀랍게도 그의 책은 1930년대 이후 중국 정복을 실행하던 청년 장교들의 필독서였다고 한다. 그런데 당시뿐 아니라 쇼인이 살았던 1840~1850년대의 일본도 여전히 농업국가로 서양 위협 앞에 놓인 상태였다. 최대한의 목표가 서구 열강으로부터의 일본 독립이어야 할 상황인데 현실성 없는 대외정복 구상이 제창되곤 했던 것이다.

한 연구자는 이를 두고 서양과 굴욕적인 조약을 맺을 수밖에 없었던 상황에서 콤플렉스를 만회하기 위해, 또는 양이론攘夷論을 달래기 위해 취한 레토릭에 불과하다고 지적했다. 그런 점도 있을 수 있겠으나 그 후로도 이런 주장들이 사회의 한 흐름으로 지속되다 불쑥불쑥 현실정책에 반영되었고, 결국 한국·만주·중국 등 아시아침략을 가져온 걸 보면 그렇게 간단히 치부하고 넘어갈 만한 일은 아닐 것이다.

그럼 여기서 쇼인의 해외팽창 구상을 들어보자.

에조지(지금의 홋카이도)를 개간하여 여러 대명들에게 봉토를 주고 틈을 봐서 캄차카, 오호츠크를 탈취하고 류큐도 타일러 내지內地의 제후와 마찬가지로 참근參勤시키고 회동會同시키지 않으면 안 된다. 또 조선을 옛날과 마찬가지로 공납하도록 촉구하고, 북으로는 만주의 땅을 분할하여 빼앗고, 남으로는 대만, 루손(지금의 필리핀)의 여러 섬을 우리 수중에 넣어 점차 진취의 기세를 보여야만 할 것이다.(『유수록』)

북으로는 만주, 홋카이도, 더 나아가 캄차카반도와 오호츠크해, 서로는 조선, 남으로는 류큐, 대만, 필리핀까지 일본의 수중에 넣자는 것이다. "조선을 옛날과 마찬가지로 공납하도록 촉구"하자는 말은 고대에 진구황후가 신라를 정벌했다는『일본서기』의 전설 같은 얘기에 기초한 것인데 당시에 크게 유행했었다. 쇼인도 물론 그런 유행의 한복판에 있었다. 이런 의식은 학문적으로도 '임나일본부설'을 낳으며 오랫동안 일본인의 조선의식에 큰 영향을 주었다. 여기까지도 황당무계하고 무모한 발상인데 여기서 그치지 않는다.

> 오스트레일리아는 일본의 남쪽에 있는데 바다로 떨어져 있기는 하지만 그리 멀지는 않다. 그 위도는 딱 중간 정도이다. 그러므로 그곳은 당연히 초목이 무성하고 인민은 풍족하여 여러 외국이 앞 다퉈 이 땅을 얻으려고 할 텐데, 영국이 이 땅에서 개간하고 있는 것은 겨우 그 십분의 일에 불과하니, 내가 항상 이상하게 여기는 바이다. 만약 우리나라가 이곳을 손에 넣으면 분명히 큰 이익이 있을 것이다.(『유수록』)

류큐, 필리핀을 넘어 오스트레일리아까지 머릿속에 들어와 있다. 그 장대한 구상에 한편으론 놀라게 되기도 하지만, 무모하다고밖에는 도저히 할 수 없는 생각이다. 당시 일본에서는 세계지도가 널리 유포되었다는데, 지도를 너무 많이 본 것일까? 어쨌든 캄차카, 오호츠크해에서 오스트레일리아까지 지명과 위치를 정확히 알고 있다.

팽창의 발판으로 주목한 울릉도

흥미로운 것은 쇼인이 해외팽창을 하기 전에 그 발판으로 울릉도에 주목하고 있었다는 점이다. 당시 일본에서는 독도가 아니라 울릉도를 다케시마竹島라고 했다. 그는 울릉도가 조선에 속해 있어 진출에 어려움이 있을 거라는 사람들의 주장에 대해 다음과 같이 말했다.

> 다케시마(울릉도)는 겐로쿠元綠, 1688~1704년 때 조선에 넘겨주었기 때문에 어려울 거라는 얘기가 있다. 그러나 지금은 대변혁의 시기이므로 조선에 교섭하여 공도空島로 놔두는 것은 무익하므로 우리가 개발하겠다고 하면 이의는 없을 것이다. 만약 서양 오랑캐들이 손을 댄다면 이 또한 그냥 둘 수 없다. 그들의 발판이 된다면 우리 조슈번에게는 대단한 위험이다. (…) 개간을 명목으로 도해渡海한다면 이것은 항해웅략航海雄略의 단초가 될 것이다.(「가쓰라 고고로에게 쓴 서한」)

조선 정부와 교섭해서 울릉도를 일본이 개간하겠다고 설득하자는 것이다. 하기의 먼 대안對岸이 한반도 동부이니 그의 시야에 울릉도가 들어온 것도 이해할 수 있다.

오래전 하기에서 열린 메이지유신사학회에 참가한 적이 있다. 외국인은 나 혼자였던 걸로 기억하는데, 하기 시장이 축사를 하러 학회에 참석해 있었다. 학회를 마치고 뒤풀이 시간에 시장이 내게 재미있는 말을 했다. 일본어로 친구는 '도모다치'인데 하기 사투리로는 '찡구チング'란다. 그리고 그 말은 한국말의 친구에서 왔다는 것이다. 예로부터 하기의 어부들이 한반도 쪽으로 조업을 나가면 또 그쪽에서 온 조선 어부들과 해상에서 자주 만나곤 했는데, 그 과정에서 이 말이 들어온 것 같다고 했다. 심지어는 양쪽 어부집안끼리 사돈을 맺은 적도 있다고 했다. 마지막 말에는 속으로 '이분 너무 나가신다' 했지만, 하기와 한반도 해안가의 관계를 보여주는 이야기로 흥미롭게 들었던 기억이 난다.

쇼인뿐 아니라 다음 장에 나오는 사카모토 료마도 울릉도에 관심이 많았다. 당시 해외진출을 주장하는 사람들은 많은 경우 홋카이도 개척을 입에 올렸는데, 그중 일부는 울릉도에도 주목했던 것이다. 그런데 쇼인의 목적은 단순히 울릉도를 개발하는 것에 있지 않았다. 울릉도는 그가 꿈꾸는 해외팽창의 발판이었다.

막부의 허락을 얻어 다케시마를 개간하여 에조처럼 된다면 옛날 명말明末 정성공鄭成功의 업적을 이룰 수 있을 것이다. 지금 막부가 변통變通과 흥리興利에 힘쓴다면 다케시마 개간 정도는 어려운 일이 아닐 것이다. (⋯) 천하가 무사하다면 막부에 조그만 이익이 될 것이고, 일이 생기면 해외진출의 첨병인 우리 번이 조선, 만주에 진출하는 것이 제일 좋다. 조선, 만주에 진출하려고 할 때 다케시마는 제일의 발판이 될 것이다.(「가쓰라 고고로에게 쓴 서한」)

정성공은 명말청초에 중국 동남부와 동중국해를 거점으로 광대한 해상세력을 구축했던 사람이다. 아버지 정지룡이 일본 히라도를 들락거리다 일본 여인에게서 낳은 아들이어서 도쿠가와 시대부터 그 일생이 극화되어 대중적으로도 널리 알려진 인물이었다. 당연히 쇼인도 그를 잘 알았을 것이다. 그것은 어쨌든지 간에 이렇게 지정학적으로 중요한 울릉도가 서양인의 손에 들어가서는 큰일이라는 것. 그런데 당시 영국이 울릉도를 점령했다는 소문이 나돈 모양이다. 잘못된 소문이었지만 쇼인은 이에 예민하게 반응했다.

다케시마가 영국의 소유가 되었다는 것은 도대체 믿기 어렵다. (⋯) 북국선北國船, 동해 쪽 일본 연안을 따라 항해하던 무역선이 매번 왕복하면서 그 앞뒤를 지나다니고 있지만 아무 일도 없다고 한다. 영국 오랑캐가 이미 점거했다 하더라도 관계치 말고 개간을 명목으로 교역을 하면서, 외이外夷의 소식을 듣는 것이 가장 묘책이다. 영국 오랑캐가 이미 점거했다면 도저히 그대로 두기 어렵다. 언제 조슈번을 쳐들어올지 알 수 없다. '한 조각의 널빤지도 바다로 나갈 수 없다'는 누습을 깨는 데는 이만한 묘책이 없다. 흑룡강이나 에조는 우리 번에서 머니, 그보다는 다케시마, 조선, 베이징 방면으로 나가는 것이야말로 우리 번의 급무라고 생각된다.(「구사카 겐즈이에게 보낸 서한」)

이로부터 약 3년 뒤인 1861년, 러시아 군함이 쓰시마 항구에 무단 정박해서 일본 조야朝野가 발칵 뒤집힌 적이 있고,

1885년에는 영국 군함이 거문도를 점거하는 사건으로 일본이 바짝 긴장한 적도 있다. 한반도 어딘가에 서양세력이 거점을 만드는 것은 근대 일본이 초지일관 반대해왔던 일이었는데, 그 원형을 여기서 볼 수 있다.

그러나 이런 구상은 당시로서는 현실성이 전혀 없는 것이었다. 서양 열강에 농락당하고 있는 일본의 현실에 너무나 분개한 나머지 발생한 콤플렉스의 발현이라고 볼 수도 있을 것이다. 우리는 20세기 아시아, 태평양을 유린한 일본 제국주의의 침략을 알고 있기에 쇼인의 이런 구상에도 곧바로 현실성이 있는 듯 여기기 쉽지만, 앞에서도 말한 대로 당시 일본은 제대로 된 군함 한 척 없는 나라로 말 그대로 약소국이었다. 오스트레일리아는커녕 조선에 군대를 파견할 선박도 없었다. 명민한 쇼인이 그걸 모를 리 없다. 몰랐다면 그는 그저 몽상가, 과대망상가에 불과할 것이다. 아니나 다를까 그는 현실적 방책을 제시한다.

조선을 복종시키고 만주를 접수하려고 한다면 함선이 없어서는 불가능하다. 이게 내가 말하고 싶은 것이다. 지금은 아직 여기에 미치지 못하니 거함巨艦을 만들 수 있을 때까지 기다려야만 할 것이다. (…) 틈을 노려서 만주를 접수하고 러시아를 압박하며 조선을 복종시키고 청을 엿보며 남주南洲를 취하고 인도를 습격한다. (…) 천하의 세가 아직은 여기에 이르지 않았기 때문에 물러나 우리나라를 정비하고, 무를 버리고 문을 닦으며 현명한 인재를 모으고 사민士民을 양성해야 한다.(「지신키사이 선생에게 보낸 서한」)

'양이론'이 아니라 '양이개혁론'

그는 미국 함대의 증기선 미시시피호도 봤고 포하탄호에는 타보기도 했다. 그런 함선, 아니 그보다 더 거대한 함선을 일본이 보유하지 않고는 저 웅대한 해외팽창 구상이 다 헛것이라는 사실을 누구보다 잘 알고 있었다. 아직 일본은 부국강병에 이르지 못했다. 그러니 우선은 인재를 양성하고 발탁하여 나라를 정비해야 했다. 그 후 일본의 역사는 해군 증강을 둘러싼 진퇴의 역사다. 그런데 함대를 가지려면 돈이 있어야 하고 나라를 부유하게 하는 데에는 무역만한 게 없다. 농업생산 증대로 함대를 갖는 건 어려운 일이다. 그러나 당시의 쇄국정책으로는 안 됐다.

크게 통상을 열어 선박을 늘리고, 물자를 늘려 항구에서 수출하여 사인±ᄉ으로 하여금 이를 관장케 한다. (⋯) 상선商船이 점점 증가하고 상품도 점점 늘어나서 무역이 점점 활발하게 되면 곧 군함을 만든다. 군함에는 반드시 포총을 갖추고 사졸을 태우며 상선으로 치중輜重을 삼는다. 이렇게 되면 유럽, 미국도 멀다고 이르지 못할 것이 없고, 조선, 만주는 말할 필요도 없다.(「마스다 재상에게 올리는 상서」)

부국강병 노선의 출발이다. 나라는 위기에 빠졌고 이 위기를 구할 것은 강한 군대, 특히 해군밖에 없었다. 강군을 육성하려면 경제력이 있어야 하고 그건 무역이 아니면 안 된다. 독립을 보전하기 위해서는 이 심플한 방법밖에 없다. 그러나 그 속에 백성의 부나 안전은 쉽사리 간과된다. 근대 일본이 1945년 패망 때까지 걸었던 길이다. 어쨌든 그렇다면 쇼인은 미국과의 통상조약 체결에 찬성해야 할 것 아닌가. 통상조약 체결을 반대하는 존왕양이파는 쇼인의 논리에 따르면 무지몽매한 자들이 아닌가. 이에도 쇼인은 답변한다.

국가의 대계를 말하노니 웅략雄略을 떨치고 사이四夷를 제어하려고 한다면 항해통시航海通市가 아니고서 무엇으로 이루겠는가. 만약 봉관쇄국封關鎖國하여 앉아서 적을 기다린다면 기세가 꺾이고 힘이 위축되어 망하지 않을 수 있겠는가. (…) 항해통시는 원래 웅략을 도모하는 데 도움이 되는 것으로 조종祖宗의 유법遺法이다. 쇄국은 원래 구차한 계책으로 말세의 폐정弊政이다. (…) 원컨대 (미국은) 물러나서 우리가 찾아가 답해줄 것을 기다리라. 그런 후에 나아가서 캘리포니아를 방문하여 전년의 사절단에 보답하고 이로써 화친조약을 체결한다. 과연 이렇게 잘한다면 국위는 떨쳐나고 준재도 떨쳐 일어나 결코 국체를 잃는 데에 이르지 않을 것이다.(「대책일도對策一道」)

놀랍게도 쇼인은 쇄국을 명백히 부정했다. 쇼인은 존양론자일지언정 쇄국론자는 아니다. "쇄국은 시대착오적인 정책이다. 국가가 강해지기 위해서는 항해통시, 즉 바다로, 무역으로 나가는 수밖에 없다. 그러나 미국은 페리 이래 일본에 예를 갖춰 개국을 요구한 것이 아니라 일본을 깔보고 윽박질러왔다. 지금 총영사 해리스도 에도 방문과 장군 알현을 강청하며 일본을 막 대하고 있다. 이런 굴욕적인 관계는 받아들일 수 없다. 통상을 안 한다는 게 아니다. 다만 대등한 관계에서, 국가의 체면을 잃지 않은 상태에서 시작할 것이다. 그러니 미국은 이번에는 조용히 물러가라. 그러면 일본이 캘리포니아를 직접 찾아가 조약을 맺겠다."

이것이 쇼인의 생각이었다. 이는 언뜻 보면 일본 국가의 자존심을 중시한 발언 같기도 하지만 실은 여기에 쇼인 같은 존왕양이론 지도자들의 고민이 들어 있다. 지금까지 보아온 대로 쇼인은 쇄국론자가 아니었고 무역의 필요성을 절감하고 있었다. 서양 열강과 지금 당장 싸워 이길 수 있다고 생각하지도 않았다. 그런데 당시 막부를 공격하던 양이론자들은 무역에도 타협에도 반대하고 있었다. 이들에게 무역과 타협이 필요한 이유를 합리적으로 설명하여 납득시키기에 그들은 너무 단순했다. 그렇다고 그들의 주장을 전적으로 받아들여 쇄국을 유지하고 미국과 전쟁을 일으킬 수는 없었다.

그렇다면 위의 제안은 그들의 지지를 유지하면서 무역의 길도 닫지 않는 궁여지책으로 나온 것이었다고 볼 수 있다. 무역을 기본적으로 찬성하면서도 막부의 통상조약을 정치적으로는 비판해야 하는 곤궁한 입장이었는데, 이것을 일거에 해결해준 것이 막부가 조약 체결에 대한 천황의 칙허획득에 실패한 일이었다. 미국과의 통상조약 체결에 반대여론이 비등하자 막부는 노중 홋타 마사요시를 교토에 파견하여 고메이 천황孝明天皇에게 칙허를 요청했다. 막부 수립 이래 국정에 관한 권한은 모두 도쿠가와 장군에게 위임되어 있는 상태였으니 전례 없는 행동이었다.

조약 반대론자들이 천황을 명분으로 조약에 반대하고 있으니 천황 본인의 입을 빌려 이를 잠재우기 위한 책략이었다. 그만큼 막부는 250여 년간 자기 손아귀에 있던 천황이 칙허를 거부하리라고는 생각하지 않았다. 그러나 이미 나이 서른에 가깝고 제왕의식을 갖고 있었던 고메이 천황은 완강하게 칙허를 거부했다. 양이론자들에게는 이 이상의 명분이 없었다. 조약 체결에는 내심 찬성하지만 막부는 비판하고 싶었던 정치세력들은 이를 구실로 일제히 막부에 포문을 열었다. 천황의 허가 없이 조약을 체결했으니 도로 물리고 다시 하자는 것이었다.

이처럼 쇼인의 양이론은 맹목적인 통상 반대는 아니었다. 그는 서양에 맞서려면 그만한 경제력이 필요하고 그것은 무역에서밖에 나올 수 없다는 것을 잘 알고 있었다. 그

것은 부국강병론과 가까운 것이었다. 아울러 서양과 싸우려면 강력한 국내 개혁을 통해 임전태세를 갖추지 않으면 안 되었다. 일본의 양이론은 대외강경론인 동시에 체제개혁론이었으며, 수구적인 입장과는 거리가 멀었다. 이런 점에서 나는 양이론이라기보다는 '양이개혁론'이 더 적절한 명칭이라고 생각한다.

그들이 주장한 천황의 정치화, 무사토착(병농분리의 폐지), 농병제 도입, 참근교대 완화, 대선 제조 금지 해제 등의 정책은 거의 막부체제의 근간을 변혁시키지 않고서는 이뤄질 수 없는 것들이었다. 양이론자들이 무모한 서양과의 전투를 잠시 유보하고 미래의 승리를 위해 당분간은 자강노선을 걷자고 노선을 수정하는 순간, 이들은 강력한 부국강병 세력으로 전환될 수 있었다. 1863~1864년경 이런 노선 전환이 일어났고, 이들은 곧바로 반ᵇ막부 유신 세력의 핵심이 되었다.

'초망굴기'와
일본 혼을 남기고

감옥에서 탄생한 초망굴기론

막부는 천황이 칙허하지 않았음에도 불구하고 미국과 통상조약을 체결하고 이어서 네덜란드, 러시아, 영국, 프랑스 등 서양 각국과도 체결했다. 교토의 천황은 격노했고 이를 빌미로 막부를 비판하는 여론은 급등했다. 이참에 막부의 독재 권력을 나누려는 큰 번들의 야망도 점점 커져갔다. 그러나 막부는 권력을 나눌 생각이 전혀 없었다. 새롭게 대로大老, 장군을 보좌하는 막부의 최고직로 취임한 이이 나오스케는 통상조약 체결을 강행한 후 반막부 세력을 탄압하기 시작했다. 그런 강압적인 정치탄압은 막부 사상 처음 있는 일이었다.

많은 활동가들(이를 흔히 '지사'라고 부른다. 그러나 막부 입장에서는 이들이 지사일 리가 없다)이 투옥되어 모진 고문을 받았다. 그들 중에는 처형당한 사람도 수십 명에 이르렀다. 이런 상황에서 열혈남아 쇼인이 그저 학생만 가르치고 있을 리는 없었다. 그는 막부 노중^{老中} 마나베 아키카쓰가 통상조약 체결을 천황에 설명하러 교토에 올라온다는 소식을 듣고 송하촌숙 학생들과 마나베의 상경 길을 습격할 계획을 세웠으나 번 당국에 발각되었다. 또 조슈번주가 참근교대로 에도로 가는 길에 교토를 지날 때 이를 막아세워 천황에게로 데리고 간다는 계획도 세웠으나 이도 실패했다. 덕분에 1858년 11월 송하촌숙은 폐쇄되었고, 그는 다시 노야마옥에 갇히는 신세가 되었다.

모든 것이 여의치 않자 쇼인의 심신은 어지러워졌다. 자기통제도 어려웠다. 스스로의 상태를 "심신착란 상태라 말에 순서가 없다", "나를 미치광이로 여기고 어리석다고 여기는 것은 너무나 지당하다"고 표현했으니 거의 자포자기 상태에까지 이르렀다. 차라리 "내가 모두에 앞서 먼저 죽어 보이면 바라보다 일어서는 자 있으리라"고도 토로했다.

힘겨운 옥중 생활이 계속되었다. 지금까지 번을 존중하고 간언한 것이 수십 차례였다. 긴 상소문도 여러 차례 올렸다. 그러나 쇼인의 의견은 거의 받아들여지지 않았고, 오히려 과격분자로 찍혀 다시 투옥되었다. 번을 믿을 수 없다면 누구를 의지해야 하는가. 1859년 4월경, 그는 다음과 같은 주목할 만한 생각을 하기에 이르렀다.

독립불기獨立不羈한 지 3천 년이 된 대일본이 하루아침에 다른 사람의 속박을 받는 것을, 혈기가 있는 자가 보고도 참을 수 있겠는가. 나폴레옹을 일으켜 '프라이하잇!vrijheid, 자유의 네덜란드 어'이라고 부르짖지 않으면 뱃속의 갑갑함을 다스릴 수가 없다. 나는 본디 이루지 못할 것을 알면서도 작년 이후 미력이나마 분골쇄신해왔지만 하나도 도움이 되지 못하고 헛되이 감옥에 앉아 있을 뿐이다. 이런 내 생각을 함부로 말했다가는 일족에 화가 미치겠지만 지금의 막부나 제후는 이미 취인醉人이어서 도움이 되지 않는다. 초망굴기草莽屈起하는 사람이 나오길 바라는 것 말고는 믿을 게 없다.(「기타야마 야스요에게 보낸 서한」)

그 유명한 초망굴기론이다. '초망'이란 우거진 풀, 잡초라는 뜻이니 권력을 지니지 않은 재야나 시정에 있는 사람들을 말한다. 쇼인이 이 말을 쓰면서 의식한 계층은 하급 사무라이, 그 밑의 졸병에 해당하는 사람들, 나아가 유력한 상인, 농민 등, 지식 있고 뜻있는 민중까지였다.

'굴기'란 말은 중국의 대륙굴기에서 보듯 벌떡 일어선다는 뜻이다. 즉 더 이상 번주나 번의 주요 직책에 있는 사람들에게 의존하지 않고 번과 신분의 경계를 뛰어넘어 전국의 뜻있는 자들(지사)이 횡적으로 연대하여 일을 일으킨다는 것이다. 당시 사람들에게 번은 곧 국가였고 신분제 역시 강고했으니 매우 급진적인 생각이라 하지 않을 수 없다. 이후 이 노선에 따라 수많은 초망들이 번에 대항하고 막부에 반항하며 봉기를 일으켰다. 이쿠노의 변, 야마토의 난, 그리고 유명한 미토 천구당의 난 등이다.

그러나 현실은 그리 간단치 않았다. 번 권력과 조직을 이용하지 않은 봉기들은 강렬한 인상은 줬으나, 모조리 진압되고 말았다. 그것도 간단히 진압되었다. 반면 역시 초망굴기를 꿈꾸며 사쓰마번 사무라이를 결속시켜 정충조精忠組를 결성했던 오쿠보 도시미치는 도중에 명민하게 이 노선을 포기하고 번 권력을 이용하는 노선으로 바꾸었다. 이 점에서 오쿠보는 어디까지나 철저한 현실주의자였다.

뜻밖의 에도 소환, 그리고 사형

감옥에서 초망굴기를 부르짖으며 애타하던 쇼인에게 막부는 에도 소환명령을 내렸다. 1859년 4월이었다. 반막부분자들을 색출하던 막부에게 쇼인의 이상한 움직임이 포착된 것이다. 혐의는 반막부 운동의 거두인 우메다 운핀을 접촉했다는 점과 천황 궁궐 내 투서였다. 둘 다 결정적인 증거는 없었고 혐의가 인정된다 하더라도 극형에 해당할 정도는 아니었다. 애초에는 귀양 정도의 처벌을 예상했다. 그런데 이상한 예감이 들었던지 그림에 재주가 있던 숙생인 마쓰우라 쇼도는 에도로 떠나는 스승의 초상화를 8점이나 그렸다. 이 중 현재 6점이 남아 있다.

쇼인은 에도로 송환되어 막부의 취조를 받기 시작했다. 이때 이해하기 어려운 일이 벌어진다. 쇼인이 막부 취조관들이 묻지도 않았는데, 참근교대하려던 번주를 교토로 데려가려 했던 일과 막부 노중 마나베 아키카쓰 기습계획에 대해 진술해버린 것이다. 뜻밖의 진술에 막부 취조관들이 대경실색한 것은 말할 것도 없다. 단박에 쇼인은 중죄인이 되었고 막부의 취조도 엄혹해졌다.

쇼인은 왜 자신에게 결정적으로 불리한 말을 입 밖에 낸

요시다 쇼인(1830~1859년)의 초상화

것일까? 시모다에서 미국도항에 실패했을 때도 스스로 막부 관청을 찾아가 자수한 걸 보면 스스로는 하늘을 우러러 한 점 부끄럼 없으니 자기가 한 일에 대해 거짓진술을 한다는 것은 지성至誠의 삶에 어긋나는 것으로 생각했을 수도 있다. 또 에도로 떠나기 전 주위 사람들에게, 취조를 받게 되면 막부 관리에게 일본의 위기와 시대의 도의에 대해 설명하고 설득하면 그들도 납득할 것이라고 한 걸로 봐서 막부 관리들에게 잘 설명하면 그들도 이해해줄 것이라고 순진하게 생각했을 가능성도 있다. 어찌되었든 막부의 처벌은 점점 사형 쪽으로 기울어져갔다.

사형판결을 예상한 10월 말, 쇼인은 『유혼록留魂錄』을 쓰기 시작하여 하루 만에 완성했다. 맨 끝에는 '10월 26일 황혼에 쓰다'라고 쓰여 있다. 처형 하루 전이었다. 다음 날 형장으로 가면서는 "나는 지금 나라를 위해 죽는다. 죽어서도 주군과 부모를 배신하지 않는다. 천지의 일은 유유하며 신명이 모든 걸 비추고 계신다"라는 시를 읊었다.

당시 이 자리에 임석한 조슈번 관리는 "그때 막리幕吏들은 그대로 자리에 앉아 숙연히 이를 들었다. 폐부를 도려내는 느낌이 들었다. 호졸도 옆에서 제지하는 걸 잊어버린 듯

낭송이 끝나자 정신을 차리고는 낭패하여 가마에 끌어넣고 덴마초傳馬町의 옥으로 가는 길을 서둘렀다"고 전했다. 형장에 도착하여 사형이 집행되기 직전 그는 다시 절명시를 남겼다.

"몸은 비록 무사시 벌판에 썩어가더라도 남겨놓은 것은 야마토 다마시이大和魂, 일본 혼."

Q 묻고

A 답하기

막부는 각 번을 어떻게 통제할 수 있었
으며, 둘 사이의 관계는 어떤 것이었나?

막부에게 가장 위협이 되는 것은 역시 번이었다.
그중에서도 사쓰마, 조슈, 구마모토, 사가, 가가
번 등 석고石高가 높은 번들은 주요 감시 대상이었
다. 막부는 '무가제법도武家諸法度'라는 법을 만들어
각 번들이 서로 연계하거나 혹은 천황과 가까워
지는 것을 차단했다. 또 대선大船제조도 금지했다.
대형선박이 있으면 대명들이 해외무역을 해서 경
제력을 키우거나 서로 연대하기가 쉬울 것이기 때

문이다.

게다가 참근교대제라는 제도를 만들었는데 각 번의 대명들은 상당 기간 동안 자기 번을 떠나 에도에 체재해야만 했다. 더구나 그들의 정처와 후계자는 에도를 벗어나지 못했다. 이들을 막부 손아귀에 남겨두고 반란을 일으키기는 어려웠을 테니 일종의 인질이었다. 막부는 또 조밀한 스파이 제도를 운영했다. 스파이들은 각 번의 움직임을 예의주시하고 그에 관련한 정보를 막부 상층에 물어날랐다. 삐끗하면 막부의 엄중한 처벌을 피할 수 없는 상태였던 것이다. 채찍만 휘둘렀던 것은 아니다. 막부는 사쓰마나 조슈 등 세키가하라 전투에서 도쿠가와 씨에 적대했던 번들을 우대했다. 에도성에서 의례를 행할 때 그들은 높은 대우를 받았고 사회적 위신도 상당했다. 특히 사쓰마 번에서는 장군 부인을 두 번이나 맞아들였다.

반대로 번들은 막부에 대한 의무를 다하고 복종의 뜻을 어기지만 않으면 번 내 통치는 거의 완전히 자율적이었다. 대명은 한 가문에서 세습되었고 그 세습권은 막부도 인정하지 않을 수 없었다. 또 행정권, 경찰권, 징세권, 사법권 등 통치에 필요한 거의 모든 권한을 갖고 있었다. 번의 백성들에게는 자기 번 대명이 군주였고, 번의 가신단에게는 대명이 주군이었다. 이를 넘어 막부나 장군에게 충성을 바치는 일은 없었다. 번도 하나의 작은 국가였다고 할 수 있다. 이런 상태를 어떤 학자는 '복합국가'라고 한다.

이처럼 치밀한 감시체제와 의례체계로 유지된 막부와 번 사이의 관계는 매우 안정적이었다. 19세기 중반까지 천황과 장군의 갈등은 부분적으로 있었어도 장군과 대명의 갈등은 거의 없었다. 막부의 번 통제책은 역사에 남을 만큼 성공적이었다. 그러나 문제는 가신단들이었다. 여기서 반막부 사상을 가진 사람들이 정치운동을 일으키는데, 주군을 제쳐두고 가신단의 리더십을 장악해버리는 일이 속출했다. 막부도 번 당국도 이들을 통제하는 데 실패했다. 이것이 막부 멸망을 가져왔다.

송하촌숙이 낳은 또 다른 일본 역사의
주역은 누구인가?

야마가타 아리토모(1838~1922년)는 근대 일본의 정계에서 이토 히로부미와 쌍벽을 이루던 인물이다. 이 두 사람은 송하촌숙에서 같이 공부하던 사이인데 훗날 정적이 되었다. 이토가 온건파라면 야마가타는 강경파다. 1890년 제국의회가 설립된 후 첫 수상이 되었다. 그는 개원연설에서 유명한 '주권선, 이익선' 발언을 했다. 일본의 주권선은 일본열도이나 이익선은 한반도라는 취지로 한반도에 대한 군사개입을 정당화하는 생각이었다. 그는 청일전쟁에서는 스스로 야전사령관이 되어 조선과 만주에서 직접 전쟁에 참여했다. 전쟁 후인 1898년 그는 두 번째로 수상이 되어 내각을 담당했다.

그의 지지기반은 군부와 관료그룹이었다. 메이지유신 직후 사무라이들의 강경한 반대를 물리치고 징병제를 실시한 이래 그는 군부의 대부였다.

야마가타는 이토 히로부미가 헌법과 의회제를 도입하고 이윽고 정당정치를 인정하려는 데에 불만이 컸다. 러일전쟁에서도 러일협상을 주장하는 이토에 맞서 그는 강경론을 주장했다. 결국 그의 영향력하에 있던 가쓰라 타로 내각은 1902년 영일동맹을 체결하고 러시아와 대결자세를 강화했다. 1904년 러일전쟁이 터지자 그는 참모총장으로 전쟁을 전체적으로 지휘했다.

늘 대외강경 노선을 걷던 야마가타는 한국병합에 대해서도 다르지 않았다. 이토 한국통감이 보호국화에서 병합으로 나아가는 걸 주저하고 있을 때 그와 가쓰라 내각은 한국병합을 향한 움직임을 강화해나갔다. 이토도 결국 거기에 동의했다. 우리가 한국병합을 생각할 때는 이토 히로부미뿐 아니라 야마가타 아리토모와 그 휘하의 가쓰라 타로 내각을 연구해야 할 이유다.

3부 _____

일본을 세탁하다,

사카모토 료마

사카모토 료마를 떠올리면 깔깔대는 웃음소리가 들린다. 근엄하고 살벌한 메이지유신 시기에 드문 일이다. 그는 "난 일부러 죽으려고 해도 죽어지지 않는다"는 희대의 낙천가였다. 대단한 검객이면서도 암살이나 할복보다는 바다와 무역을 좋아했다. 막부를 미워하면서도 무력토벌보다는 협상과 타협을 선호했다. 삿초맹약과 대정봉환은 그의 스타일이 만들어낸 걸작이다. 메이지유신이 그의 명랑함을 닮았더라면 근대 일본은 좀 더 세련됐을 거다.

"세상에 태어난 것은
무언가를 이루기
위해서다"

손정의가 존경한 메이지유신의 아이콘

사카모토 료마는 몰라도 손정의孫正義라는 이름은 들어본 분이 많을 것이다. 소프트뱅크의 회장으로 한국계다. 이 사람이 제일 존경하는 인물이 사카모토 료마다. 오죽하면 소프트뱅크의 회사 로고를 료마가 만들었던 무역상사 해원대海援隊의 깃발을 본떠 만들었을까.

손정의는 17세에 미국유학을 갈 때의 심정을 청년 료마의 탈번脫藩, 자기 봉건국가인 번을 이탈하여 망명하는 것에 비유하기도 했다. 손 회장은 "세상에 태어난 것은 무엇인가를 이루기 위해서다"라는 료마의 말이 자신의 인생 모토라고 하기도 했다.

우리에게는 낯설지 모르지만 료마는 일본에서는 대중

스타다. 그러나 그가 처음부터 유명했던 것은 아니다. 막부의 감시를 피해 암약하며 토막討幕 운동(막부타도 운동)을 하다 메이지유신 발발 직전 암살당했으니 이름을 날릴 기회도 없었다. 토막 운동가들 사이에서는 그의 놀라운 식견과 타고난 협상능력은 이미 정평이 나 있었지만, 제한된 범위에서였다. 그가 대중적으로 유명해진 계기는 그를 다룬 소설이 1960년대 산케이 신문에 연재되기 시작하면서다. 이 작품은 우리나라에도 번역되어 베스트셀러가 된 바 있다. 일본의 국민작가라 불리는 시바 료타로의 『료마가 간다竜馬がゆく』가 그것이다. 또 2010년 방영된 NHK 대하드라마 〈료마전〉은 빅 히트를 치기도 했다. 이래서 현재 일본에서는 그의 이름을 모르는 사람이 없을 정도로 지명도가 높은 인물이다.

시대의 열망이 시대의 인물을 만든다

잠깐 다른 얘기지만, 역사에서 배우는 위인에 대해 생각해보자. 사실 그것은 역사과정을 통해 후세에 몇 단계에 걸쳐 만들어지고 형성된 것이다. 예를 들어 이순신 장군은 임진왜란 때의 무공으로 당시에도 꽤 알려진 인물이었지만 그 이름값은 정조, 고종, 일제, 박정희 시대를 거치며 차근차근 형성된 것이다. 일제강점기에 일본에 대항하여 한국사의 틀을 만들려고 했던 조선학 운동의 담당자들이 이순신의 업적을 대대적으로 현창했는데, 춘원 이광수가 신문에 연재한 「성웅 이순신」도 그런 맥락이었다.

'네이션 빌딩nation building'에 매진했던 박정희에게도 이순신은 좋은 대상이었다. 한국 민족주의의 핵심요소인 반일주의에 그만한 좋은 소재는 없었다. 자신과 마찬가지로 이순신도 무인이라는 덤도 있었을 것이다. 남북대치 상황에서 김유신이 민족통일의 화신이 된 것도 비슷한 것이다. 이처럼 역사상 유명인물이란 것은 특정 시기에, 특정 세력에 의해, 특정한 이유로 현창된 것이 쌓여 우리 앞에 제시된 경우가 대부분이다. 그 자체가 '역사적(historic이 아닌 historical) 산물'인 것이다.

그러니 그 평가는 시간이 흐르면서 또 변할 것이다. 기자조선을 세웠다는 기자는 조선 시대 내내 중화문명을 한반도에 전해준 사람으로 추앙받았지만, 20세기 민족주의 시대에는 거의 아무도 기억해주질 않는다. 은나라 유신遺臣인 그를 선진문물의 전도사가 아니라 '중국인'으로 보는 경향이 강해졌기 때문이다. 대신 마이너였던 단군이 그 자리를 차지했다. 하지만 장래에 그 위치가 또 바뀌지 않으리라는 법은 없다. 두 분 다 잊힐 가능성도 있을 것이다. 그러니 어떤 시대에 어떤 인물들이 교과서나 위인전에 실리고 동상과 지폐초상으로 등장하는가는 그 사회의 사상과 지향을 한눈에 알 수 있는 지점이다. 그분들이 훌륭한 건 분명하지만, 그 많고 많은 위인들 중 하필 그분들인 것은 우리 사회의 열망이 그들을 불러낸 까닭이다. 이퇴계, 이율곡, 신사임당, 이순신, 세종대왕…… 이들은 바로 현재 대한민국의 얼굴이다. 이 거울에 비친 우리의 얼굴에 무슨 문제는 없는지 한번 생각해볼 일이다.

도사번의 부잣집 막내 아들, 료마

사카모토 료마는 1835년 지금의 시코쿠 남부 고치현에 해당하는 도사번土佐藩의 향사 집안에서 태어났다. 5년 전에는 요시다 쇼인이, 6년 후에는 이토 히로부미가 태어났다. 4년 전 조선에서는 강화도령 철종이, 같은 해 중국에서는 서태후가 태어났다. 아편전쟁 발발 5년 전이고, 페리 등장 18년 전이다.

도쿠가와 시대에는 그전의 가마쿠라 시대나 무로마치 시대와는 달리 사무라이들로 하여금 농촌에서 거주하지 못하고 모두 영주의 도성인 성하정에 살게 했다. 이를 병농분리라 한다는 것은 앞에서 언급했다. 그러나 일부 무사들은 향촌에 그대로 남았는데 이들을 향사鄉士라고 했다. 이들은 향촌의 또 다른 유력자인 장옥庄屋층과 함께 훗날 도사근왕당土勤王黨의 주요 공급원이 되었다. 또 하나 기억해야 할 것은 향사와 장옥 가문 중 많은 수는 야마우치씨가 도사에 점령군으로 들어오기 전 이곳 영주였던 조소가베씨의 가신들이었다는 점이다. 이것이 나중에 상급·중급 사무라이에 이들이 반발하게 되는 중요한 요인 중 하나로 작용한다.

료마 집안은 원래 사이다니야라는 상인 가문이었다. 그가 태어나기 약 70년 전에 그의 조부가 번에 기부금을 내고 분가해 사카모토가를 만들고 사무라이 신분을 사서 향사가 되었다. 도사번은 재정적인 이유로 18세기 후반에 향사 자격을 남발했다. 이 무렵 향사 가문은 800여 개가 되었는데 사카모토가도 그중 하나였고 가록은 161석이었다. 앞에서 본 쇼인 집안보다 훨씬 유족했다. 당시 향사들의 평균 가록은 50석 정도였고 6개 가문만이 100석을 넘겼으니

사카모토 료마(1835~1867년)의 초상

막부 말기 당시 도사번

료마 집은 향사치고는 꽤나 부유했던 것이다. 게다가 본가인 사이다니야도 건재했으니, 료마는 적어도 경제적인 어려움은 거의 모르고 자랐다고 할 수 있다.

나중에 반막부 운동으로 전국을 다니면서도 수시로 고향에 편지를 써서 돈이나 물건을 부쳐달라는 것을 자주 볼 수 있는데, 이게 다 집안이 꽤 살았기 때문이다. 당시에도 역시 사람들은 도시를 좋아했나 보다. 향사 집안들은 갖가지 이유로 도사번 성하정인 고치高知로 하나 둘씩 옮겨오더니 19세기 초에는 82개 가문 정도가 고치에 살게 되었다.

사카모토 가문도 그중 하나다. 도시에 사는 '향사'였다.

료마는 5남매 중 막내였다. 위로는 스무 살 위의 형이 있었고, 누나도 3명 있었다. 그중 특히 바로 위 누나인 세 살 터울의 오토메乙女와는 전국 어디에 나가 있더라도 편지를 줄곧 보낼 만큼 각별했다. 여장부였던 오토메는 이 막내동생을 때로는 엄하게 때로는 따뜻하게 돌봤다. 12세 때 어머니를 여읜 료마에게 이 누나는 그 대신이었는지도 모른다. 맹렬한 활동가인 료마는 기록을 많이 남기지 못했는데, 대신 이 누나에게만큼은 수시로 편지를 보내 이것들이 지금 중요한 사료로 남아 있다.

페리의 함선과 마주한 료마의 분노

요시다 쇼인은 10세 전에 이미 신동소리를 들었지만, 료마의 별명은 오줌싸개, 코흘리개였다. 그는 소년 시절 어떤 방면에서도 두각을 나타내지 못했다. 그런 그를 가족들은, 특히 누나 오토메는 그저 귀여워했다. 1853년 18세의 료마는 처음 에도에 갔다. 번으로부터 검술 수행을 하라는 허가를 받았던 것이다. 일종의 유학이다. 검술은 료마가 좋아하고 잘하는 분야다. 음력 3월 말에 출발하여 4월에 도착했으니 여행 도중 좋은 풍광도 만끽했을 것이다. 이때 56세의 늙은 아버지는 막내아들에게 다음과 같은 사항들을 단단히 당부했다.

·한시라도 충효를 잊지 말고 공부에 전념할 것
·물건에 마음 빼앗겨 돈을 낭비하는 일이 없을 것
·여자에 빠져 국가대사를 잊는 일이 없을 것(『사카모토 료마 전집』, 이하 료마관련 서한은 이 책에 의거함)

요컨대 공부 열심히 하고 낭비하지 말고 여자 조심하라는 얘기니 예나 지금이나 아비의 아들 걱정은 별반 다를 게 없나 보다. 여기서 '국가대사'라는 건 도사번의 일을 가리킨다. 도쿠가와 시대 사람들에게 '국가'는 일본 전체가 아니라 자기 번을 가리키는 경우가 대부분이다. 이 국가의 틀을 넘어, 천하로 인식되던 일본을 '새로운, 유일한 국가'로 창출해가는 것, 그리고 번주에 대한 충성을 천황에 대한 충성(존왕주의)으로 전환해가는 것, 이것이 메이지유신의 과정이었다.

료마는 에도의 지바도장千葉道場에서 무술연습에 열중하던

중, 페리가 나타나자 번의 경비병으로 차출당했다. 아마 신났을 거다. 당시만 해도 열렬한 양이攘夷주의자였던지 9월 아버지에게 보낸 편지에서, "전투가 곧 있을 겁니다. 그때는 서양 놈의 목을 따서 돌아가겠습니다!"라고 호언장담했다(다만 이 구절 바로 앞에는 돈을 보내주셔서 무엇보다도 도움이 된다는 말이 나온다. 흥분은 했지만 주머니는 두둑했다). 당시 에도에 있던 젊은 사무라이들 대부분이 이런 기분이었을 테니, 이 발언은 료마의 특성을 보여주기보다는 오히려 당시 분위기를 엿볼 수 있게 한다.

그러나 과연 진짜로 '서양 놈의 목'을 칠 수 있는가. 말로만 하는 것이 아닌 정말 그들의 목을 칠 수 있는가. 이 물음에 대한 답에 얼마나 진지하게 직면하느냐가 일시적으로 비분강개하는 자와, 깊은 식견을 가지고 전략을 세우는 인물을 가르는 분기점일 것이다. 비분강개, 호언장담은 넘쳐나지만 막상 현실 속에서는 무능, 무책임한 경우가 대부분이다. 이들의 비난을 뒤로하고 냉철하게 비분강개, 호언장담을 '현실화'할 수 있는가. 일본의 운명은 흥분하며 걸핏하면 칼을 빼드는 자가 아니라, 골똘히 생각하며 차마 칼집에 손을 대지 못하는 사람에게 달려 있었다.

료마는 어느 길로 갈 것인가. 아직 어린 료마는 거기까지는 고민하지 못했을 것이다. 다만 주의를 끄는 것은 이해 말, 그가 당대의 양학자洋學者 사쿠마 쇼잔佐久間象山의 포술수업에 참여한 기록이 있다는 점이다. 일본 전통의 검술 수행을 하면서도 서양에 대한 호기심이 생겼던 것일까. 아니면 이 명민한 청년이 페리가 온 지 몇 달도 안 되어 '서양 놈의 목'을 치려면 서양전법을 배우지 않으면 안 된다는 걸 벌써 간파한 것일까.

해가 바뀌어 1854년에 페리는 예고한 대로 개항 요구에 대한 막부의 대답을 듣기 위해 다시 왔다. 페리 함대의 증기선은 1700톤, 1000톤짜리도 있었다. 일본 범선들은 기껏해야 100톤 정도였으니, 우선은 그 크기에 압도되었다. 게다가 그렇게나 큰 함선이 엄청난 속도로 질주한다. 당시 일본 측 기록들은 페리의 함선들이 "마치 쏜 화살처럼 달린다"며 놀라워하고 있다. 15개월간 에도에 있으면서 이를 다 경험한 료마도 생각이 깊어졌다. 쇼인이 해외로 가려고 시모다에서 페리 선박에 무작정 기어오르던 무렵이다.

난학을 접하게 된 료마

무술 유학을 마치고 고향에 돌아온 료마가 찾아간 곳은 의미심장하다. 도사번 최고의 난학자 가와다 쇼료河田小龍를 제발로 찾아간 것이다. 네덜란드和蘭, 화란 학문을 의미하는 '난학蘭學'은 18세기 후반부터 널리 퍼지기 시작해서 이 무렵에는 하기나 고치 같은 변방 도시에도 이런 난학자들이 웅크린 채 공부하고 있었다. 이들은 그 지식으로 어디 쓰일 일도 없었지만, 그렇다고 탄압받지도 않았다. 막부도 대체로 이들을 묵인하며 한편에서는 그 지식과 정보를 취합해 쌓아놓고 있었다. 이 점, 주목할 만하다.

가와다를 찾아간 것은 도사로 돌아온 지 얼마 안 된 1854년(가에이 7년) 9월경이었다. 가와다의 회상에 따르면 료마는 불쑥 그를 찾아왔다.

"시국에 대해 선생님의 의견을 꼭 듣고 싶습니다."

단도직입적인 말에 쇼료는 크게 웃으며 말했다.

"나는 은둔하면서 그림이나 그리고 풍류로 한 세상 보내는 사람으로 세상사에 관심이 없소이다. 무슨 의견이 있겠소?"

"지금은 은둔하며 편히 지낼 때가 아닙니다. 저 같은 사람도 이처럼 세상일로 고심하여 솔직하게 제 생각을 말하고 있는 겁니다. 선생님이 품고 있는 생각을 알려주십시오."

료마는 포기하지 않고 가까이 다가오며 물었다. 이에 쇼료도 하는 수 없이 생각을 말하기 시작했다.

"근래 외국인이 출몰하고 나서 양이냐 개항이냐에 대해 설이 분분한데 내 생각에 양이는 도저히 가능하지 않소. 그렇다 해도 개항을 하려면 군사력을 갖추지 않으면 안 되오. 현재 우리나라의 군대, 특히 해군은 심각한 상태요. 대명들이 운행하는 선박 따위는 애들 장난감에도 미치지 못하는 것들이오. 활이나 총을 쏘는 병사들을 배에 태워 바다에 내보내면 배가 흔들려 활과 총의 과녁을 조준할 수가 없고, 십중팔구는 모두 쏘기도 전에 배멀미를 할 거요. 이 같은 상태에서 항해에 숙달된 외국의 대함을 맞는다면 무슨 수로 쇄국을 할 수 있겠소이까. 앞으로 서양 배는 계속 출몰할 텐데, 이렇게 된다면 나라는 점차 피폐해지고 인심은 소란해져 결국에는 여송(필리핀)과 같이 서양에 먹히는 신세가 될 것이오. 이를 번 당국에 수차례 건의했는데도 듣지를 않으니 정말 위험한 때요."

그러면서 가와다는 무역을 일으키고 외국 선박을 구입

하여 해상에 익숙한 사람들을 길러내야만 한다고 역설했다. 해군에 주목한 것은 앞에 나온 요시다 쇼인이나 뒤에 나올 오쿠보 도시미치의 견해와 일치한다. '애들 장난감보다도 못한 배에 올라 흔들리는 배 위에서 적을 조준하기는 커녕 배멀미를 하는 일본병사.' 이보다 더 신랄하고 정확한 비판은 없을 것이다. 에도에서 대책 없이 비분강개만 하던 사람들에 만족하지 못했던 료마는 이 얘기를 듣고는 손뼉을 치며 기뻐했다. 장래 일본에 커다란 의미를 갖는 료마와 해군의 만남은 이렇게 이뤄졌다. 가와다를 만나면서 내공을 쌓은 료마는 1856년 가을, 다시 무술수련을 위해 에도에 갔다. 료마 나이 스물한 살 때다. 이때는 아버지의 훈계서를 받지 못했다. 전해 겨울 타계했기 때문이다.

인구 100만 도시 에도에는 수많은 사숙과 독서모임이 유명학자를 중심으로 형성되어 있었다. 사무라이들은 이제 무도장武道場뿐 아니라 이런 곳에도 다니며 한학, 난학, 병학, 의학 등을 맹렬히 공부하는 분위기였다. 이런 모임에서는 곧잘 정치 얘기가 벌어졌다. 료마는 에도 도착 즉시 이 모임들에 합류했다. 그러나 료마가 가장 열성을 기울인 것은 역시 검술이었다. 2년여 동안 맹렬히 정진한 결과 소기의 성과를 얻고 뛰어난 검술가가 되었다. 그리고 1858년 늦가을 귀향했다. 에도에서는 미국과의 통상조약 체결과 장군 계승 분쟁으로 커다란 정쟁이 벌어지고 있었지만, 료마에게는 아직 남의 일이었다.

당시 사무라이들, 특히 젊은이들에게는 당연히 양이주의가 팽배했다. 정부 당국자나 사려 깊은 지식인들은 양이가 불가능함을 일찍이 간파하고 어떻게 하면 부국강병을 이뤄 서양에 대응할 것인가라는 복잡하고도 어려운 문제에 골몰했으나, 혈기왕성하고 목소리 큰 일반 사무라이들은 오랑캐를 쫓아내자며 막부를 격렬하게 비판하기 시작했다. 더구나 막부가 천황의 칙허도 받지 않은 채 미국과 통상조약을 맺자 좋은 구실을 잡은 반막부 세력의 기세는 더욱 등등해졌다. 이 위기를 타개하고자 막부 최고 지위인 대로에 전격적으로 임명된 이이 나오스케는 전국의 반막부 활동분자들을 색출하여 처형하기 시작했다. 도쿠가와 역사상 최대 정변이라 할 '안세이 대옥安政大獄'의 시작이다. 막부가 천황과 대립각을 세우고 반대파를 폭력적으로 진압하자 천황에 정치적 권위를 부여하려는 과격한 존왕양이파들이 대량으로 탄생했다. 그리고 그 물결은 료마가 돌아간 고향 도사번에서도 마찬가지였다.

료마가 귀향한 지 몇 달 안 된 그해 겨울, 두 명의 사무라이가 찾아왔다. 막부의 탄압에 맞서 전국의 '지사'들에 지원을 요청하고자 미토번 활동가들이 보낸 사람들이었다. 그들은 입경 허가를 받지 못해 도사번의 국경에 머무르며 료마에게 만남을 요청했다. 그들은 료마에게 도사번 수뇌부와 만나게 해달라고 간청했다. 료마는 자신은 검술가에 불과해 번의 정치 상황은 아무것도 모른다고 사실대로 말했다. 그 나이에 있기 쉬운 허세 없이 솔직담백하다. 20대 초반의 하급 무사에게 그런 힘이 있을 리 없었다. 아무 도움이 되지 않았지만 이를 본 사무라이 중 한 명은 "성실하고 상당한 인물이다"라는 인상 평을 남겼다.

일본을 위해
도사번을 버리다

존왕양이 열풍의 한가운데에서

1858년 여름, 막부는 미국 총영사 해리스의 압박에 굴복해 천황의 칙허 없이 미일통상조약을 체결하고 말았다. 드디어 통상의 문이 열린 것이다. 이에 불만을 품은 세력들은 천황의 허락이 없었다는 점을 구실로 삼아 막부에 도전하기 시작했다. 막부가 하지 못한다면 천황을 받들어 서양 오랑캐를 쫓아내겠다는 맹목적인 배외주의였다(존왕양이 운동 尊王攘夷運動). 전국적인 존왕양이 운동의 기세에 호응해 도사번에서도 특히 하급 사무라이들이 들썩였다. 도사번은 17세기 초 야마우치씨를 따라 도사에 들어온 세력과 원래 이 지역 영주였던 조소가베씨 가신 출신의 세력 간 뿌리 깊은 알력이 있었던 데다 사무라이 간 서열과 차별도 심했다. 상하급 사무라이 간 갈등이 심화되는 가운데 밖에서 불어닥친 존왕양이 열풍은 삽시간에 번 전체를 휘저어놓았다. 게다가 도사번의 하급 무사들에게는 다케치 한페이타武市半平太라는 탁월한 지도자가 있었다.

1861년 늦여름, 다케치는 하급 무사, 향사, 장옥을 중심으로 한 열렬분자 192명을 모아 도사근왕당을 결성했다. 외국과의 조약 체결에 반대하는 격렬한 양이론을 주창하던 혈맹 그룹이다. 혈맹을 서약하는 문서에 사카모토 료마의 이름은 아홉 번째로 나온다. 중심인물 중 한 명이었던 모양이다. 다음해 초에 료마는 다케치의 서한을 갖고 조슈번 존양파의 리더 구사카 겐즈이久坂玄瑞를 만나러 조슈번으로 들어간다. 나중에 깊은 인연을 맺게 되는 조슈에 처음으로 발을 들인 것이다. 구사카 겐즈이는 다카사키 신사쿠와 함께 요시다 쇼인의 수제자 중 한 명이다. 존양파의 가장 강력한 리더 두 사람 간의 서신교환을 료마가 맡은 것만 봐도 다케치가 그를 신임하고 있었던 걸 알 수 있다. 료마는 어느새 존왕양이 운동의 한복판에 들어섰던 것이다.

그는 조슈번의 성하정 하기에서 열흘 동안 체재하며 구

사카와 네 차례 만났다. 이번에는 구사카가 다케치에게 보내는 답신을 료마에게 맡겼다.

제후도 의지하기에 족하지 않고, 공경도 의지하기에 족하지 않습니다. 초망지사草莽志士를 규합하여 의거를 일으키는 것 외에는 도저히 방책이 없다고 저와 동지들은 얘기하고 있습니다. 실례이지만 귀번도 멸망해서 대의가 이뤄진다면 나쁘지 않을 것입니다. (…) 천황의 뜻을 실천하지 않으면 신주에서 입고 먹으며 사는 보람이 없을 것입니다.(「구사카 겐즈이가 다케치에게 보낸 서한」)

쇼인의 제자답게 구사카는 도도한 '초망굴기론'을 펼친다. 쇼인을 얘기할 때 언급한 것처럼 '초망지사'라는 것은 '초야에 묻혀 있는 지사'라는 뜻으로 신분이 높지 않은 사무라이, 심지어는 평민까지도 포함한다. 지체 높은 자들의 힘에 의지할 게 아니라 일반 사무라이, 평민들이 번을 넘어 횡단적으로 연대해 '의거'[당시 '지사'들 사이에서는 이 말이 유행했다. 1980년대 한국 학생운동에서 유행했던 '무봉(무장봉기)'이라는 말이 연상된다]를 일으켜야 하고, 그를 위해서는 조슈번도 도사번도 멸망해도 상관없다는, 당시로서는 파격적인 발언이다.

료마, 탈번하다

료마가 다케치와 구사카라는 두 존양파의 리더를 접하면서, 번을 뛰어넘는 일본, 주군과 장군을 넘어서는 천황을 궁극적인 충성 대상으로 받아들였을 것은 쉽게 짐작할 수 있다. '존왕'에는 그도 전폭적으로 동의했다. 문제는 '양이'였다. 비분강개형의 지사인 두 사람과 달리 료마는 천성적으로 현실감각을 타고난 전략가였다. 이미 난학에도 눈을 뜨고 있었다. 그런 그가 검술과 일본정신으로 서양을 무찌르자고 주장하는 도사근왕당과 오래 함께할 수는 없었을 것이다. 결국 1862년 봄, 료마는 탈번을 결행한다. 앞서 말했듯 손정의 회장은 17세에 미국유학을 갈 때의 심정을 청년 료마의 탈번에 비유했다. 그때 그는 "세상에 태어난 것은 무엇인가를 이루기 위해서다"라는 료마의 말을 마음속에 담아두었다고 한다.

료마는 다케치를 따라 도사근왕당에 가담은 했으나, 그의 폭력적인 양이노선에는 전적으로 동의할 수 없었던 것 같다. 당시 도사번에서는 요시다 도요吉田東洋라는 정치가가 개혁을 펼치고 있었다. 학식 있고 노련한 이 정치가는 양이의 무모함을 비웃으며 도사번을 우선 부국강병의 기지로 만들려고 했다. 그러려면 당분간 서양과도 막부와도 관계가 악화되는 걸 피하지 않으면 안 된다. 다케치는 이런 현실적인 정책을 증오하고, 급기야는 요시다 암살계획까지 세웠다. 이런 폭주에 료마는 조슈에서 돌아온 지 한 달 만에 놀랍게도 탈번을 감행했다. 1862년 봄 3월 24일, 그의 나이 27세 때였다. 약 보름 후 요시다가 암살됐다.

그러나 손정의가 1960년대에 일본에서 미국으로 가는 것보다 탈번은 더 어려운 일이었다. 번을 떠난 사무라이를 낭인浪人이라 한다. 재수생이 일본말로 낭인이다. 로진, 어디에도 소속되지 않는 것, 일본 사람들이 제일 두려워하는 상태다. 어딘가 하나에는 소속이 되어야 한다. 그래야 맘이 놓인다. 이게 예나 지금이나 보통 일본 사람들의 정서다.

당시 번을 이탈했다는 것은 오늘날로 말하면 거의 국적이탈에 해당하는 것이다. 료마와 노선 싸움을 거듭하던 다케치는 "료마는 도사번이 감당할 수 없는 녀석이다"라며 시 한 수를 지어 그를 전송했다. '배포는 원래 웅대하고 기이한 재주는 흘러넘친다. 그가 날고 잠기는 걸 누군들 알겠는가. 정말 용이라는 이름에 부끄럽지 않은 자구나! 肝膽元雄大 奇機自湧出 飛潛有唯識 偏不恥龍名'

가쓰 가이슈와의 운명적 만남

도사번을 떠난 료마는 시모노세키, 규슈, 오사카를 떠돌다 1862년 가을 에도에 나타났다. 아마 앞날에 대한 불안과 정치노선 선택 문제로 번민에 번민을 거듭했을 것이다. 에도에서 그는 가쓰 가이슈와 운명적인 만남을 가진다. 가쓰는 막부 가신으로 해군 건설과 개항을 주장하던 저명한 인사였다. 그 과정에는 다음과 같은 에피소드가 있다.

그해 겨울 료마는 가쓰의 개국론을 굴욕적으로 여겨 그를 살해하러 자택으로 갔다. 가쓰는 웃으며 그를 맞은 후 웅변을 토하며(그는 엄청난 달변가였다고 한다) 개국론의 정당성을 갈파했다.

사카모토씨가 검객 지바 슈타로와 동행하여 히가와에 있는 내 집으로 찾아왔다. 때는 한밤중이었는데 나는 일본이 해군을 진흥시키지 않으면 안 되는 이유를 장황하게 설명했다. 사카모토는 크게 깨닫는 바가 있었는지 내게 이렇게 말했다. '오늘밤 남몰래 계획한 것이 있었습니다. 만일 공께서 말한 것이 마음에 들지 않을 때는 공을 찔러 죽이려고 맘먹고 있었습니다. 지금 공의 설을 듣고 나니 제 고루함이 너무 부끄러워졌습니다. 지금부터 공의 문하생이 되겠습니다.'(『추찬일화追贊一話』)

아직 개국론을 전적으로는 받아들이지 못하고 있던 27세 청년의 깨달음이었다.

가쓰 가이슈는 "그는 나를 베러 온 자였지만 범상치 않은 인물이었다. 그때 나는 웃으며 맞았다. 료마는 침착하게 앉아 있었는데 왠지 모르게 범하기 어려운 위엄이 있는 훌륭한 사내였다"는 인상 평을 남겼다. 많은 극적인 역사상의 에피소드가 그렇듯, 이 얘기도 최근 역사학계에서는 사실인지 의문시된다. 가쓰가 수십 년 후 쓴 회고담에 나오는 얘기인데, 그가 약간 과장하는 습관이 있기 때문이다. 그러나 어쨌든 탈번하여 에도로 온 료마가 양이론에 대한 미련을 완전히 버리고 개국론의 선봉이 된 데에는 가쓰와의 만남이 결정적이었다는 것, 여기에는 의문의 여지가 없다.

료마가 에도에 오기 몇 달 전, 사쓰마의 시마즈 히사미쓰는 천 명의 병력을 이끌고 교토에 입성했다. 대명이 참근교대 가는 도중 교토를 들르는 일은 있어도 이렇게 대규모 병력을 이끌고 움직인 적은 없었다. 히사미쓰는 천황과 공경들을 자기편으로 끌어들여 막부 개혁을 촉구하는 칙사를 에도에 파견케 하는 데 성공했다. 그리고 그 칙사를 자기가 수행하여 에도에 들어갔다. 히사미쓰는 에치젠번의 마쓰다이라 요시나가를 정사총재직에, 히토쓰바시 요시노부—橋慶喜, 훗날의 마지막 장군 도쿠가와 요시노부를 장군후견직에 임명하고, 장군이 교토에 올라가서 지금까지의 무례를 천황에게 사죄할 것을 촉구했다. 결국 막부는 이 요구를 수용하고 말았다. 정사총재직은 대로에 버금가는 권력을 부여하기 위해 신설된 자리다. 친번親藩인 에치젠번의 요시나가가 주로 보대 대명譜代大名이 맡는 대로가 되는 것을 거부했기 때문에 급히 마련된 자리였다.

지금까지 막정幕政은 5만 석에서 10만 석 이하의 중급규모 보대 대명이 전담해왔다. 비상시국에 설치되는 대로는 수십만 석의 거대 보대 대명이 맡아왔다. 친번의 대명이 막정의 중추에 들어온 것은 전례 없는 일이었다. 장군후견직에 임명된 요시노부는 누구인가. 바로 4년 전 장군계승 분쟁에서 현 장군과 경쟁했던 사람이요, 막부의 숙적인 도쿠가와 나리아키의 아들이 아닌가. 막부핵심 세력이 위기를 느끼는 것도 당연했다. 정사총재직 요시나가는 '분큐개혁文久改革'이라고 불리는 개혁을 강행했다. 막부창설 이래 보대 대명이 장악해왔던 막부권력 구조에 균열이 시작되었다. 1862년 하반기는 그의 개혁 드라이브와 이에 저항하는 막부 핵심세력 간의 치열한 정쟁으로 얼룩졌다.

이 무렵 료마는 정사총재직 마쓰다이라 요시나가(당시 34세)와 막부 내 개혁파였던 오쿠보 이치오(45세)를 만났다. 이들은 당시 일본에서 서양 의회제도에 대해 호의를 보이고 있던 사람들로 막부가 독재를 포기하고 여러 대명들과 연합정권을 구성할 것을 주장하고 있었다. 료마는 나중에 「선중팔책船中八策」에서 의회제도 수립을 주장하는데, 이들과의 만남이 정치구상에 큰 도움이 되었을 것이다. 오쿠보 이치오는 료마를 만나보고는 "대도를 아는 사람"이라고 평했다고 한다.

이때부터 료마의 전성기가 시작된다. 막부 요인들이 교토와 에도 사이를 빈번하게 왕래할 필요가 생기자 해운이 중요해졌다. 해운의 제일인자는 료마의 스승 가쓰 가이슈다. 가쓰는 막부의 증기선 쥰도마루로 노중 오가사와라 나가미치, 정사총재직 요시나가 등 막부 요인들을 교토와 효고 등지로 모시고 다녔다. 여기에 료마도 가끔 동승했다.

해군 건설에 미치다

바다를 만난 료마는 신이 났다. 물 만난 물고기처럼 움직였다. 1863년 초, 누나 오토메에게 쓴 편지를 보자. "운이 나쁘면 욕조에서 나오려다가 불알이 쪼개져 죽는 자도 있는데 그에 비하면 나는 운이 좋아. 딱 죽을 곳인데도 죽지 않고, 스스로 죽으려고 해도 살아남게 돼. 그리고 지금은 일본 제일의 인물인 가쓰 린타로(가쓰 가이슈)라는 분의 제자가 되어 매일 전부터 생각하고 있던 것을 열심히 하고 있어. 그러니 내 나이 마흔이 되기까지는 집에 돌아가지 않을 생각이야. (…) 도사번을 위해, 천하(일본)를 위해 진력할 거야. 누나도 기뻐해줘."

참 자신 있고 낙천적인 성격이다. 한 활동가가 그에 대해 "사쓰마와 조슈를 분주히 다니며 활동하여 낭인들 사이에 명망이 높다"고 기록한 걸 보면, 이 무렵부터 료마의 이름은 널리 알려지기 시작했던 것 같다.

가쓰의 목표는 막부의, 나아가서는 일본의 해군을 건설하는 것이었다. 이제 세상은 칼이나 휘두른다고 되는 게 아니었다. 바다를 장악하지 않고서는 일본은 인도나 중국처럼 서양에 당할 게 뻔했다. 원래 일본은 육군의 나라다. 생각해보라, 사무라이가 바다에서 싸우는가? 다 육지에서 말 타고 칼싸움한다. 영화 〈명량〉을 보면 일본이 제대로 된 해군이 없어 해적까지 동원한 것을 알 수 있다. 그만큼 일본은 해군이 거의 전무한 나라다. 가쓰는 오사카 근처인 고베에 해군학교를 설립하고 해군 인력을 양성하기 시작했다.

료마는 이 일이 매우 재미있었던 모양이다. 1863년 여름, 역시 누나에게 보낸 편지에서는 이렇게 썼다. "요즘은 천하에 둘도 없는 군학자軍學者 가쓰 린타로라는 대선생님의 문인이 되어 굉장히 귀여움을 받고 있어. (…) 가까운 장래에 오사카에서 40킬로미터 정도 떨어진 곳에 해군을 가르칠 곳을 설립하고, 80미터, 90미터나 하는 배를 만들 거야. 제자들도 400~500명 정도 각지로부터 모여들고 있어. (…) 조금은 남몰래 에헴 하는 표정으로 있어, 에헴 에헴."

한껏 으쓱해하는 료마의 표정이 손에 잡힐 듯하다. 이웃

조선에서는 대원군이 아들 고종의 즉위로 오랜 절치부심 끝에 실권을 장악한 해였다. 이때부터 료마는 해군 건설과 바다에 미쳤다. 스승 가쓰가 고베에 해군학교를 개설하려 하자 에치젠에 가서 자금 5000냥을 조달해왔다. 요코이 쇼난, 유리 기미마사 등 에치젠에 있던 일급인물과도 얼굴을 텄다. 교토에서는 존양파의 전성기가 열리고 있던 때였다.

이때 장군 도쿠가와 이에모치[家茂]가 정치적 압박에 밀려 229년 만에 교토를 방문해 천황을 알현했는데, 존양파와 조정은 양이 실행을 약속하라며 그를 공격했다. 에도로 돌아가는 것도 장군 맘대로 할 수 없었다. 하는 수 없이 1863년 5월 10일 양이를 실시하겠다는 헛된 약속을 하고서야 교토를 벗어날 수 있었다. 이에 자극받은 존양파의 아성 조슈번은 5월 10일 시모노세키 해협을 통과하는 서양 상선을 정말로 포격해버렸다. 이미 통상조약을 맺은 나라들이었다. 이 말도 안 되는 행패에 서양 열강이 조슈 공격을 결행한 것은 당연한 일이었다.

"일본을 다시 한번 세탁할 거야"

존양파가 과격한 양이론으로 교토 정계를 장악하고 있을

때 료마는 고베 해군학교 건설에 여념이 없었다. 그는 존양파의 과격론에 가담하지 않았다. 그러나 막상 조슈번이 서양의 공격을 받게 되자 크게 우려했다. 더구나 막부가 서양함대에 협조하는 듯한 낌새가 있자 이를 개탄해 마지않았다. "오늘이 6월 이십 며칠인지는 잊어버렸어. (…) 정말 안타까운 것은 조슈가 전쟁을 시작하고서 여섯 번 전투를 했는데 일본에 유리하지 않은 상태라는 거야. 어처구니가 없는 것은 조슈랑 싸운 서양 선박을 에도에서 수리하고는 다시 조슈에서 싸운다는 거야. 이건 모두 막부의 간사한 관리들이 서양 오랑캐와 내통하고 있기 때문이야. (…) 난 전투를 벌여 이런 간사한 관리들을 죽이고 일본을 다시 한번 세탁할 거야!"

료마는 조슈번의 양이론에는 동조하지 않았지만 조슈도 일본이었다. 전투에서 서양 편을 드는 건 용납할 수 없었다. 그는 점점 막부에 적대적으로 되어갔다.

조슈의 땅은 끝내 외국인이 가져갈 것인가. 한번 외국의 것이 돼버리면 이를 다시 만회하는 것은 어려울 것이다. 그렇다면 지금 유지자들이 방관하고 있을 때가 아니다. 담판을

해서 외국인을 국내에서 퇴거시키고 오로지 국내를 정리해
야만 한다. 이 일을 실행하려면 막부의 속된 관리들을 쫓아
내는 것이 가장 중요한 일이다.(『속재몽기사續再夢紀事』)

　　내가 막말기 정치사를 공부하면서 인상 깊었던 것 중 하
나는 당시 일본인들이 외세의 내정개입을 대단히 경계하
고 있었다는 점이다. 조약 체결 이후 영국, 프랑스 등 강대
국들은 이미 일본 정치에 영향을 끼칠 수 있는 상황이 되었
다. 소규모지만 개항장에는 군대도 있었고 중국해역을 중
심으로 대규모 함대도 구축되어 있었다. 막부든 조슈든 국
내 정쟁이나 내전에 외세를 이용하자는 유혹이 있었다. 그
러나 막부의 토벌전으로 사면초가에 빠진 조슈는 끝내 영
국에 군사적 도움을 요청하지 않았고, 전국을 군현제로 만
들어 도쿠가와 왕조를 만들도록 도와주겠다는 프랑스의
유혹도 막부는 결국 받아들이지 않았다. 받아들이지 않았
다기보다는 못했다는 표현이 더 정확하겠다.
　　외세의 지원은 분명히 엄청난 힘이 되는 건 사실이었지
만, 료마가 분노한 데서 보듯 외세와 결탁했다는 꼬리표는
그것을 능가하는 정치적 손실을 가져오는 분위기였다. 아

무리 권력투쟁이 격렬해져도 외세와 결탁하는 것은 안 된다는 사회적 합의가 정치 엘리트 간에 암묵적으로 진행되어 있었다.

사쓰마-조슈번의
동맹을 주도하다

사이고 다카모리와의 인연

1863년 8월 18일, 존양파의 폭주에 부담을 느낀 고메이 천황이 사쓰마, 아이즈번會津藩과 손잡고 조슈 세력을 몰아내는 데 성공했다. 이것이 '8·18쿠데타'다. 쫓겨난 조슈번은 이를 만회하려고 다시 교토에서 벌인 전투에서 궁궐에 발포하는 짓을 저질렀고(금문의 변禁門の変), 이 전투에서 패하면서 '조적朝敵', 즉 조정의 역적이 되었다. 막부는 조적을 토벌하라는 천황의 명을 받고 조슈 정벌에 나섰고, 서양도 상선포격에 대한 보복 공격을 감행했다. 조슈는 이때부터 교토에는 얼씬도 하지 못했다.

조슈가 물러나자 반막부 움직임의 중심은 사쓰마번이

장악했다. 사쓰마는 일단 막부와 손잡고 조슈의 과격한 존양파들을 몰아내기는 했지만, 이참에 조슈번을 아예 멸망시키려는 막부의 의도에는 동조하지 않았다. 1차 조슈 토벌에는 참여했지만 2차 토벌에는 불참을 선언했다. 그 중심에는 사이고 다카모리가 있었다. 가쓰와 료마가 사이고를 주목한 것도 당연했다. 이 무렵 료마는 사이고를 만났다. 대화 내용은 자세히 알 수 없으나 강렬한 인상을 받은 모양이었다. 료마 왈, "과연 사이고라는 자는 알 수 없는 자다. 살짝 두드리면 작게 울리고 크게 두드리면 크게 울린다. 만약 바보라면 큰 바보고 영리한 자라면 크게 영리한 자다"라고 했으니.

스승 가쓰도 사이고를 만났다. 1864년 9월에 만난 두 사람은 막부독재를 철폐하여 막부도 포함하는 웅번연합정권을 수립할 것에 대해 의논했다. 가쓰와 사이고는 이를 '공화정치'라고 불렀다. 가쓰와 사이고는 서로에게 반했다. 이에 대해서는 후술한다.

사이고와 만난 이후 료마는 사쓰마 측에 바짝 붙어 섰다. 1865년 4월에는 사이고, 고마쓰 다테와키와 함께 사쓰마에 가서 사쓰마번 수뇌부가 조슈 정벌 거부를 결의하는 걸 지켜봤다. 그리고 돌아오는 길에는 다자이후에서 조슈에서 옮겨온 산조 사네토미 등 5경을 방문했다. 이때 5경 중 한 명인 히가시쿠제 미치토미東久世通禧는 료마에 대해 "위인이다, 기설가奇說家다"라고 기록하고 있다. 이어 조슈로 들어가 시모노세키에서 조슈번의 지도자인 가쓰라 고고로를 만났다. 훗날의 기도 다카요시다. 그는 사이고 다카모리, 오쿠보 도시미치와 함께 '유신삼걸維新三傑'이라고 일컬어지는 인물이다. 당시 구사카 겐즈이는 금문의 변 때 전사했고 다카스기 신사쿠는 군사 부문을 담당하고 있었으니 사실상 조슈번 정계를 리드하고 있었다. 이때 료마는 반막부 세력의 양 거두인 사쓰마의 사이고와 조슈의 가쓰라를 대면시키려는 생각을 하고 있었다.

당시 막부를 제외하고 가장 강력한 세력은 사쓰마와 조슈, 양웅이었다. 료마가 보기에 막부를 쓰러뜨리기 위해서는 양자가 손을 잡지 않으면 안 되었다. 문제는 이 둘이 앙숙이었다는 것이다. 원래 라이벌 의식이 있는데다 교토에서 벌어진 몇몇 정변에서는 군사충돌까지 간 적도 있었다. 조슈는 1863년 중엽까지 교토에서 우위를 보였으나 그해 8월 18일 사쓰마번과 아이즈번의 군사력에 밀려 쫓겨났다.

절치부심하여 1864년 여름에 교토로 쳐들어갔으나 궁궐에 발포한 조적이라는 오명만 뒤집어쓴 채 패퇴하고 말았다(금문의 변). 당연히 조정은 막부에 조슈를 치라는 명령을 내렸고, 막부는 전국의 대명에 동원령을 내렸다. 아무리 조슈라 한들 중과부적, 이를 당해낼 수는 없다. 사쓰마와 손을 잡는다면 모를까.

이 무렵 가쓰는 곤경에 처해 있었다. 조슈 정벌전을 반대했으니 당연한 일이었다. 그는 막부 혼자 힘으로는 이 난국을 도저히 타개해나갈 수 없다며 웅번들과 협조할 것을 이전부터 주장해왔다. 그러니 늘 막부 강경파의 표적이었다. 나중 얘기지만 유신정부군이 에도를 공격하려 할 때 막부 측 협상대표는 가쓰였다. 사쓰마, 조슈가 중심이 된 유신정부 측과 얘기가 통할 수 있는 사람은 그밖에 없었던 것이다. 이때 유신정부 측 협상대표는 사이고 다카모리였다. 아마도 이 두 사람의 협상에서 에도성의 무혈개성이 극적으로 결정되지 않았더라면 일본은 길고 깊은 내전에 휘말렸을 것이고, 에도 시민을 비롯한 수많은 백성들이 참화를 겪었을 것이다.

신분을 초월한 해원대의 결성

가쓰가 막부 내 권력투쟁에서 밀려나고 그에 따라 고베 해군학교가 문을 닫자, 료마는 직접 나가사키에 가메야마모임^{龜山社中}을 만들었다. 해군훈련과 무역상사를 겸한 조직이다. 위에서 말한 사쓰마 명의의 무기무역을 담당한 조직이 바로 여기다. 이것을 확대 개편하여 나중에 해원대^{海援隊}를 결성했다. '바다에서 지원하는 부대'다. 이 해원대는 신분과 상관없이 전국에서 인재를 모집했다. 번을 이탈한 자, 해외에 나가고 싶은 자를 농민이든 상인이든 신분을 불문하고 받아들였다.

이쯤에서 한숨 돌릴 겸 신분제 얘기를 잠깐 하고 가자. 앞에서도 말한 대로 일본은 조선이나 중국보다 훨씬 신분제가 강한 사회였다. 우리도 조선시대 때 신분제가 있기는 했지만 사실 양반과 상민과의 경계가 법제적으로 명확히 구분되어 있지는 않았다. 매우 드물었지만 원칙적으로 상민도 과거에 붙으면 양반이 되지 못하란 법은 없었다. 반면 양반 가문이라도 오랫동안 과거 급제자를 내지 못하든가 중앙 관직을 얻지 못하면 주변에서 슬슬 양반 취급을 안 해주기 시작한다. 조선의 양반은 법제적인 기준이 없기 때문에 그 지역 사람들이 양반이라고 취급을 해주느냐, 안 해주느냐가 중요했다. 그러니 과거 합격과 중앙 관직 획득에 매달리게 되고 그 경쟁은 치열할 수밖에 없었다.

이에 비해 일본의 신분은 법제적으로나 사회적으로 이미 정해져 있었다. 신분에 따라 거주지역도 구분되었다. 그러니 사무라이는 사무라이대로, 상인은 상인대로, 농민은 농민대로 서로 다른 세계에 살고 있었다. 그리고 그 신분은 대대로 물려주는 것이다. 농민이 굳이 사무라이가 되려 하거나 상인이 애써 농민이 되려 하는 일은 잘 없었다. 각자가 자기 신분에서 자기 집안에 주어진 일(가업家業)에만 충실하면 되었다. 우리가 일본에 가서 놀라는 것 중 하나가 몇 대째 가업을 잇는 경우가 아직도 많다는 것이다. 100년된 스시집, 5대째 이어오는 포목상 등 그 연원은 이처럼 깊다. 도쿠가와 일본 사회는 가업이 기초가 되는 사회였다.

반면 조선은 유동성이 강한 사회였기 때문에 가업에 대한 생각이 약했다. 지금도 자기 직업을 자식에게 물려줘야 한다고 생각하는 게 일반적이진 않다. 대개의 부모들은 자식들은 자기보다 더 나은 직업을 갖길 바란다. 또 그게 실제 가능했던 게 한국 사회였다. 한국인들의 유별난 계층상

승욕은 실제로 그게 어느 정도 가능했기 때문에 형성된 것
이다. 아무리 노력해봐야 상승 가망이 없는 사회에서 계층
상승욕이 이렇게 광범하게 존재할 수는 없다.

이미 수십 년 전 얘기지만 한 일본인 작가가 한국에 와
서 재미있는 얘기를 남겼다. 어느 날 갈비집을 갔는데 종업
원이 서빙을 하다 옆 테이블 손님과 시비가 붙었다. 아마 그
손님이 "음식이나 나르는 주제에"라며 내뱉었던 모양이다.
그러자 그 종업원이 정색을 하며 "내가 지금은 여기서 갈
비나 나르고 있지만 이래뵈도 우리 집이 안동 김씨예욧!"
이라 하더란다. 우선 일본에서는 종업원과 손님이 시비 붙
는 걸 보기 힘들다. 그리고 상대방의 직업을 낮춰 얘기하는
건 정말 드문 일이다. 각자의 신분에 맞게 각자의 역할(이
걸 '야쿠役'라고 한다)을 다하는 건 무시당할 일이 아니라는
생각이 꽤 강하기 때문이다. 일본 같으면 설령 그런 무례한
손님이 있더라도 자기 일의 중요함과 자부심을 강조했을
텐데, 일거에 '나 원래는 양반이야!'라는 유동적 사고, 신분
상승욕을 드러낸 것이다. 이는 철저한 신분제 사회였다면
좀처럼 있기 힘든 감각일 것이다.

덧붙여 한 가지 더 소개하면, 한국에서는 식당 종업원이

서빙을 할 때 그릇이 많으면 손님들이 도와주고 하는 경우가 있다. 그런데 일본에서 그런 행동을 하면 종업원들이 깜짝 놀란다. 고맙다기보다 '이건 내 일인데 당신이 이렇게 하면 내가 뭐가 되냐', '내가 뭘 제대로 못했나?' 이런 감각이다. 이처럼 자기 할 일이 딱딱 정해져 있다. 심지어는 정치까지도 그렇다. 그러니 세습의원이 저토록 많은 것이다. 일본은 '야쿠'의 사회다. 이것이 장점이기도 하고 약점이기도 하다.

얘기가 옆으로 너무 많이 나갔다. 다시 해원대 이야기다. 무역상사니 당연히 외국어가 필요했다. 그래서 영어, 네덜란드어 등을 교육했다. 대원들은 당시 나가사키에 진출해 있던 서양 상인들과 활발히 접촉했다. 대표적인 사람이 영국 상인 토머스 글로버. 나가사키에 가면 이 거상이 살던 곳이 커다란 정원으로 꾸며져 관광명소가 되어 있다. 나가사키 항구를 한눈에 내려다볼 수 있는 글로버 정원이다.

해원대는 또 홋카이도 개척을 목표로 내걸었다. 막부는 이미 18세기 말에 탐험대를 파견하여 그곳의 지리와 해심海深 등을 파악해놓은 후 1854년 직할지로 선포했다. 사할린과 쿠릴열도를 타고 남하하는 러시아인들과의 사이에 긴장감은 여전했다. 그때만 해도 홋카이도는 불모지였다. 벼 농사도 가능하지 않았다. 그러나 일본은 이때 이를 차지하는 바람에 큰 이익을 봤다. 홋카이도는 면적이 약 8만 제곱 킬로미터로 남한의 약 70~80퍼센트나 된다. 다 알다시피 이 땅은 지금 아주 좋은 쌀이 재배되는 옥토로 변했고, 엄청난 관광수입을 올리고 있다.

사쓰마-조슈 동맹을 중재하다

료마는 사쓰마가 제2차 조슈 정벌전에 가담하지 않기로 결정한 것을 계기로 두 번이 화해하고 연대할 가능성을 필사적으로 찾고 있었다. 사이고에게 조슈의 시모노세키를 방문해서 가쓰라를 만나라는 제안을 해서 사이고의 승낙을 받아놓고 가쓰라를 찾은 것이다. 가쓰라는 긴가민가하면서도 일단 제안을 수락하고 사이고의 방문을 기다렸다. 그러나 사이고는 교토에 있던 오쿠보 도시미치가 긴급히 상경할 것을 요구하자 시모노세키에 들르지 못하고 교토로 올라가버렸다. 료마의 중재는 실패했고 조슈번의 의심은 더욱 깊어졌다.

료마는 포기하지 않고 기책을 짜냈다. 막부 침공을 앞

둔 조슈에게 절실히 필요한 것은 서양 무기였다. 그러나 조적이 된 조슈가 나가사키에서 서양 상인과 자유로이 접촉하기란 여간 어려운 일이 아니었다. 료마는 6월 말, 교토의 사쓰마 번저藩邸에서 사이고를 만나 사쓰마의 명의로 증기선과 총포를 구입해서 조슈에게 넘겨주자는 제안을 했다. 물론 막부에게 발각되면 난리가 날 위험한 제안이었다. 그리고 통 큰 사이고는 이 제안을 수락했다.

나가사키에서 무역단체 가메야마 모임을 운영하고 있던 료마는 거상 글로버에게 이를 의뢰했다. 글로버는 조적인 조슈나 일개 낭인인 료마가 거래 상대라면 이런 위험한 거래를 할 수 없었겠지만 대량의 무기를 이미 구입한 바 있는 사쓰마 명의였으니 당연히 '오케이'였다. 증기선 유니온호(70마력, 205톤)를 사쓰마 명의로 구입해 조슈에 넘겼고, 또 사쓰마번 소속 증기선으로 조슈의 미타지리 항구에 총포를 대량으로 반입했다. 이 과정의 조슈 측 상대역은 우리도 잘 아는 이토 히로부미다. 이때 그의 나이 24세였다. 료마는 한 발 더 나아가 사이고 다카모리에게서 막부가 조슈를 칠 경우 사쓰마가 병량미를 지원한다는 약속까지 받아냈다. 그리고 조슈에게는 교토와 오사카에 주둔하고 있는 사쓰마군의 병량미를 지원하자고 했다. 화려한 중재술이다.

이 무렵 료마는 조슈의 군사시설과 임전태세를 살펴보고는 "정말 재미있었다"고 했다. 조슈번은 말 그대로 총력전 태세인데 료마에게서는 긴장도 우려도 느껴지지 않는다. 료마다운 설렘이다. 그러다가 또 뜬금없이 고향의 유모 걱정을 한다. "미나미 동네 우바바가 어떻게 지내고 있는지 때때로 걱정이 됩니다. 벌써 바람이 차가워지니 부디 면복을 보내주세요. 저는 백리 바깥에 있으니 맘대로 되지 않아 걱정이 됩니다." 따뜻한 마음도 가지고 있었나 보다. 때는 벌써 음력 9월이었으니 스산한 바람이 불 때였다.

삿초맹약의 성립

이제 양웅이 화합할 기운이 무르익었다. 료마는 그해 말 다시 조슈로 들어갔다. 무기 구입과 병량미 연대로 마음이 누그러지기 시작한 조슈 지도자들을 교토로 불러올려 사쓰마 지도부와 대면시키기 위해서다. 그는 조슈와 사쓰마가 연대하기 위해서는 자꾸 만나서 서로 친해지고 서로 좋은 쪽을 맞춰나가야지 마냥 도(道)나 의(義)만 논한다고 될 게 아니라며 "담소 중에 서로 친해지지 않으면 안 된다"고 간곡히 설득했다. 드디어 가쓰라는 상경을 결심했다. 조슈에 와 있던 사쓰마의 사자使者 구로다 기요타카黑田淸隆가 그를 교토의 사쓰마 번저로 안내했다. 10년 후 조선에 와서 강화도 조약을 체결한 일본 측 대표가 이 구로다다. 가쓰라를 먼저 보내고 료마는 뒤를 따르려 했는데 일기불순으로 며칠간 배가 뜨지 못했다. 가쓰라를 먼저 보내놓고 료마는 내심 불안했을 것이다.

아니나 다를까, 교토의 회담은 진척되지 못했다. 군사맹약까지 맺기에는 그간 쌓인 감정이 깊었다. 사쓰마에서는 사이고 다카모리, 고마쓰 다테와키, 오쿠보 도시미치가, 조슈에서는 가쓰라 고고로와 히로사와 사네오미廣澤眞臣가 나왔다. 만났지만 서로가 먼저 아쉬운 소리를 하기 싫어했고 속을 보이기를 주저했다. 삿초薩長의 상호불신은 생각보다 깊었다. 회담이 결렬될 위기에 료마가 뒤늦게 나타났다. 그간의 경위를 전해 듣고는 일갈했다. "제가 두 번을 위해 뛰어다니며 진력해온 것은 삿초뿐 아니라 일본 국가를 위해서입니다. 일본의 장래를 생각하면 밤에도 잠이 오지 않을 정도입니다. 어렵사리 두 번의 수뇌부가 만났는데도 헛되이 시간을 보내고 있는 것은 이해할 수 없습니다. 어째서 응어리를 버리고 일본의 장래를 위해 깊이 논의하지 못한단 말입니까!"

료마의 주선으로 양 번의 지도자들은 다시 무릎을 맞댔고, 1866년 1월 21일 마침내 합의를 보았다. 유명한 '삿초맹약薩長盟約'이다. 6개의 조항으로, 그 내용은 대략 다음과 같다.

· 전쟁이 일어나면 사쓰마는 곧바로 2000여 병력을 올려보내 현재의 교토 병력과 합치고, 오사카에도 1000명 정도 배치하여 교토, 오사카를 장악한다.

· 전쟁이 조슈번에게 유리하게 될 조짐이 보이면 사쓰마는 반드시 조정에 상주하여 전쟁 중지와 조슈번 죄의 사면을 위해 진력한다.

· 만일 전황이 불리하게 될 경우에도 조슈번은 1년이나 반년 만에 궤멸하지는 않을 것이므로, 그 사이에 사쓰마는 전쟁 중지와 조슈번 사면을 위해 반드시 진력할 것을 약속한다.

· 이대로 전쟁이 일어나지 않고 막부군이 간토로 돌아갈 경우, 사쓰마는 반드시 조정에 공작하여 조슈번이 곧바로 사면 되도록 반드시 진력한다.

· 막부군이 오사카에 진주하고, 금리어수위총독禁裏御守衛總督 히토쓰바시 요시노부, 교토수호직京都守護職 마쓰다이라 가타

모리, 교토소사대京都所司代 마쓰다이라 사다다카가 지금과 같은 강경자세로 황송하게도 조정을 끼고 정의를 거부하고 사쓰마가 중재하는 길을 차단할 때에는 마침내 결전을 할 수밖에 없다.

·조슈번이 사면된 다음에는 삿초 양 번이 성심을 갖고 협력하여 황국 일본을 위해 쇄신진력할 것은 물론이지만, 조슈가 지금과 같은 상태일지라도 오늘부터 쌍방이 황국을 위해 황위가 빛을 발하고, 외압으로 기울어져가는 일본 국가가 부활할 수 있도록, 이를 목표로 반드시 진력할 것.

료마가 그린
새로운 일본의 청사진

료마의 여인, 오료

숙원사업을 해결한 료마는 발걸음도 가볍게 교토 근처 후
시미의 여인숙 데라다야로 와서 심신의 피로를 달랬다. 데
라다야에는 애인 오료ㅎ龍도 있었으니 더더욱 기분이 좋았
을 것이다. 목욕을 한 후 동지 미요시 신조와 술잔을 기울
이고 새벽 3시경 잠들 때였다. 료마를 노리고 있던 막부 순
찰대가 들이닥쳤다. 료마의 여인이자 데라다야에서 일하
고 있던 오료가 욕조에 들어가 있던 중 수상한 낌새를 채고
욕의만 걸친 채 뛰쳐나와 료마에게 위기를 알렸다.

기습을 받았지만 다카스기 신사쿠가 준 여섯 발 장전 피
스톨이 그를 살렸다. 피스톨 발사에 놀란 순찰대원들이 주

춤하는 사이에 탈출에 성공했다. 바로 전 료마의 중재로 삿초맹약을 체결한 가쓰라 고고로는 이 소식을 듣고는 뼈까지 차갑게 얼어붙을 정도로 놀랐다며, "대형太兄은 공명정대하고 도량이 넓어 경계심이 부족한 구석이 있는데, 잔인하고 탐욕스럽고 사람을 잘 속이는 무리들이 판을 치는 세상이니 부디 조심하십시오"라며 간절히 당부했다. 너무 낙천적인 성격이라 경계를 게을리한다는 진심 어린 충고다. 그후 2년도 안 되어 이 우려가 현실이 된 걸 보면 료마는 그의 충고를 명심하지 않았던 듯하다.

이쯤에서 료마의 여인 오료에 대해서 좀 얘기하겠다. 이 둘은 아마도 1864년 8월 초경에 결혼한 듯하다. 그러나 당시 무슨 결혼식을 할 수 있는 상황도, 결혼신고가 있는 것도 아니었으니 언제부터가 결혼생활 시작이라고는 단언하기 어렵다. 오료는 원래 교토의 한 의사의 딸이었다. 아버지가 반막부 인사들과 친하게 지내는 통에 집안은 풍비박산 났고 형제들은 남의 집으로, 절로 혹은 유곽으로 팔려갔다. 장녀였던 오료는 기모노를 팔아 여비를 마련한 후 오사카로 팔려간 여동생을 찾으러 갔다. 품속에는 칼을 품고 있었다. 동생이 있는 곳으로 가 동생을 내놓으라고 했더니 한

문신한 남자가 욕을 해댔다. 오료는 대차게 남자의 멱살을 잡았다.

"네놈이 꼬여서 오사카로 데려온 내 동생을 돌려주지 않으면 너 죽고 나 죽고다!"

"이 계집애, 죽여버리겠다!"

"죽여라, 죽으려고 이 멀리 오사카까지 왔다. 재미있겠다, 죽여! 죽여!"

기세에 눌린 사내는 결국 여동생을 돌려주고 말았다. 이 얘기를 누나에게 편지로 전하며 료마는 "정말 재미있는 여자"라고 감탄한다. 밥 짓기 같은 보통 여자들이 하는 건 잘 못하지만 월금月琴, 향도香徒, 꽃꽂이 등 재주가 많다며 누나도 마음에 꼭 들 거라고 추켜세운다. 그러고는 오료에게 주고 싶으니 누나의 오비나 기모노를 좀 보내달라고 채근했다. 이렇게까지 하면 누나가 시샘할 걸 걱정할 법도 하건만 개의치 않는다. 도사번 출신 사사키 다카유키에 따르면 오료는 "널리 알려진 미인이며 현부인이고, 선악이 공존하는 사람이었다"고 한다. 다음 사진이 지금까지 오랫동안 오료로 여겨져 왔던 모습인데 최근 오료가 아닐 가능성이 대두되었다. 많은 사람들이 실망했지만, 역사학은 원래 틀린 건

오료로 추정되는 여인의 모습

그냥 넘기지 못하는 습성이 있어, 대중의 기대에 찬물을 쫙 끼얹는 일이 많다. 거기서 슬쩍 즐거움을 느끼는 역사학자들도 내 주변엔 있다. 사사키가 미인이라고만 하지 않고 '선악이 공존하는 사람'이라는 평을 한 게 정확히 무슨 뜻인지 애매하지만, 하여튼 평범한 여자는 아니었던 것 같다.

데라다야 피습 후 사쓰마는 이제 없어서는 안 될 인물인 료마의 신변을 우려해 그를 사쓰마로 초대했다. 료마는 오료를 함께 데리고 갔다. 1866년의 따뜻한 봄이었다. 이때부터 한여름 막부-조슈 전쟁이 벌어지기까지 서너 달 동안이 아마도 이 커플에게는 가장 행복한 시간이었을 것이다.

사쓰마 측의 극진한 대접을 받으며 료마와 오료는 온천과 명승지를 다녔다. 일본인들은 이를 두고 '일본 최초의 허니문'이라고 한다. 석 달 정도의 휴식을 마치고 료마는 막부와 전투가 시작된 조슈번 시모노세키로 갔다. 오료는 나가사키 지인에 맡겨놓은 채였다.

금의환향과 신국가 구상

료마는 조슈 편에 서서 막부군과 해전을 벌여 승리를 거두었다. 최초의 실전경험이었다. 그는 "정말 흥미진진했다", "그대로 표현할 수 없을 정도로 군대는 특별하다. 지필로 써봐야 사실을 다 표현할 수 없다. 한번 경험한 사람이어야만 이해할 수 있다"며 흥분을 감추지 못했다. 하여튼 재미를 잘 느끼는 캐릭터다. 막부군을 물리친 후 료마는 사쓰마-나가사키-조슈를 오가며 맹렬한 활동을 벌였다. 나가사키에서는 에치젠 번사 시모야마 히사시下山尙를 만나 마쓰다이라 요시나가 장군에게 대정봉환大政奉還을 설득하라고 요청했다. 이미 그의 머릿속에는 막부를 없애고 천황정부를 수립하려는 정권구상이 들어서 있었다. 이때 시모야마는 료마에 대해 "웅위雄偉한 용모에 미간에 점 하나가 있으며, 풍채가 고상하고 목소리가 청명하여 언뜻 봐도 비범한 인물이란 느낌이 들었다"고 적었다.

조슈 정벌전 도중 장군이 병사하고 조슈와의 전투에서도 연전연패한 막부는 더 이상 전쟁을 지속할 힘이 없었다. 후임 장군에는 오랫동안 막부 핵심층이 기피하던 인물인 히토쓰바시 요시노부가 취임했다. 풍비박산 난 막부에게 다른 선택지는 없었다. 마지막 장군 도쿠가와 요시노부의 탄생이다. 전쟁에 패한 막부 권력은 급속도로 약해져갔다. 명민한 신임 장군 요시노부도 이대로 막부를 유지하기는 어렵다는 걸 알았다. 새로운 돌파구가 필요했다. 그는 파천황적으로 정권을 천황에게 반환하는 대정봉환을 결행했다. 이를 막부에 촉구한 것이 바로 도사번과 료마였다. 사쓰마와 조슈 사이를 중재한 료마는 이번에는 막부와 반막부 세력을 중재하려고 했다.

1867년 초, 료마는 나가사키에서 도사번의 실력자 고토 쇼지로後藤象二郎를 만났다. 교토 정계에서 역할을 하고 싶어 하는 도사번에게도 이제 이 낭사는 꼭 필요한 존재였다. 료마에게 내려졌던 탈번죄가 사면되었고, 료마는 도사번 소속으로 앞서 언급한 해원대를 창설하게 된다. 9월경에는 소총 1000정을 싣고 도사번으로 가 이를 번청에 제공했다. 그에 대한 신뢰는 급격히 올라갔다. 이때는 당당한 도사번 사로 5년 만에 집에 돌아가 형제들도 만났다. 그리고 돌아오는 길에 오료도 만났다. 이들과는 이생에서의 마지막 만남이었다. 그래도 죽기 전 형제들과 부인에게 인사는 한 셈이라고 해야 할까.

이때 료마는 새로운 국가 구상을 적은 「선중팔책」을 만들고, 이에 기반해 사쓰마를 끌어들였다.

· 정권을 천황에 반환한다.

· 상하의회를 설치하여 의원을 선출한다.

· 천하의 인재를 두루 등용하고 유명무실한 관직은 없앤다.

· 외국과의 교역을 확대한다.

· 새로운 헌법을 제정한다.

· 해군을 확대한다.

· 친병親兵, 친위대을 두어 교토를 수비한다.

· 금·은 비율을 외국과 같게 한다.

이 문서는 료마가 1867년 6월경 나가사키에서 교토로

가는 배 위에서 구술한 것을 일행 중 한 사람이 받아 적은 것이라고 하지만 확증은 아직 없다. 그러나 그해 11월 작성한 이와 대동소이한 내용의 료마 자필 문서가 남아 있기 때문에(학계에서는 이를 보통 「신정부강령팔책」이라고 한다), 이를 료마의 생각과 크게 다르지 않은 것으로 봐도 무방할 것이다. 11월에 작성한 문서는 아래와 같다.

· 천하의 정권을 조정에 돌려드려 정령政令이 반드시 조정으로부터 나오게 할 것

· 상·하의정국上下議政局을 설치하고 의원議員을 두어 천황의 정치를 돕게 하고 만기萬機를 반드시 공론公論으로 결정할 것

· 유능한 공경제후 및 천하의 인재를 고문으로 삼아 관작을 내리고, 지금까지의 유명무실한 관직을 제거할 것

· 외국과의 교류에서는 널리 공의公議를 모아 합당한 조약을 새로 맺을 것

· 고래古來의 율령을 참작하여 영원히 지속될 헌법을 새로 정할 것

· 해군을 확장하는 데 힘쓸 것

· 천황의 친병을 두어 제도帝都를 수비하게 할 것

·금은물화金銀物貨에 관해서는 외국과 동등한 법을 둘 것

이상 팔책八策은 지금 천하의 형세를 살펴 만든 것으로, 이를 세계만국에 비춰보니 이것 말고는 달리 난국을 타개할 급무가 없다. 실로 이 몇 가지 방책을 단행한다면 황국의 기운을 만회하고 국세를 확장하여 만국과 어깨를 나란히 하는 것도 그리 어렵지는 않을 것이다. 공명정대한 도리에 기반하여 일대영단으로 천하를 쇄신하길 바란다.

이 문서들에서 주목되는 것은 막부 대신 천황 정부가 권력을 장악하고 상원과 하원 양원의 의회 설치를 명시하고 있는 점이다. 새로운 국가가 의회 또는 그에 준하는 기구를 설치한다는 것은 친막부 세력을 포함해서 당시 많은 정치 세력의 공감대를 얻고 있었다. 또한 공론을 모아 서양 각국과 조약을 개정한다는 것, 그리고 도쿠가와 시대에는 거의 없었던 해군 강화를 강조하고 있는 점도 중요하다. 이 문서에 나타난 국가 구상은 「사쓰마-도사번 맹약서」, 나아가 메이지 정부 초기의 「오개조어서문五個條御誓文」에 이어지는 것으로 평가된다.

대정봉환 공작

이런 구상을 실현시키기 위해서는 우선 도쿠가와씨가 정권을 놓지 않으면 안 된다. 료마와 도사번이 대정봉환 노선을 열심히 추진한 이유다. 이미 막부는 버티기 어려운 상태이니 사쓰마, 조슈번이 막부 토벌을 단행하기 전에 막부가 자진해서 대정을 천황에게 반환하자는 것이다. 사실 대정봉환론은 이미 5~6년 전부터 나오던 얘기였다. 막부가 서양과 조약을 맺은 상태에서 천황과 존양파들이 조약을 파기하라고 하자 막부에 우호적인 인사들이 그럴 바에야 차라리 정권을 천황에게 돌려주고 도쿠가와씨는 정무에서 손을 떼자는 주장이다.

무능한 조정의 공경대신들은 이 움직임에 당황했다. 막상 정권을 맡고 나서도 사실 뾰족한 수는 없기 때문이다. 그러나 이제는 상황이 달라졌다. 조정과 막부로 마치 한 나라에 정부가 두 개 있는 듯한 상황이 언제나 계속될 수는 없었다. 막부는 천하의 대명들을 더 이상 통제할 수 없었고, 사쓰마와 조슈는 언제 무력행사를 할지 몰랐다. 이런 상황을 평화적으로 해결하기 위해 도사번이 움직인 것이다. 주역은 전 번주 야마우치 요도山內容堂, 도사번의 실력자

고토 쇼지로, 그리고 료마다. 원래 도사번은 사쓰마, 조슈처럼 외양번^{外樣藩}이기는 했으나 막부와의 관계는 사뭇 달랐다. 사쓰마나 조슈는 세키가하라 전투(1600년) 때 도요토미 편에 섰다가 원래 갖고 있던 영지를 대폭 삭감당하며 도쿠가와씨에 굴복했지만, 도사번의 야마우치씨는 원래 혼슈에 조그만 영지밖에 없었던 것을 도쿠가와 이에야스가 시코쿠에 거대한 영지를 새로 주었던 것이다. 이 때문에 도사번은 도쿠가와씨에게 큰 은혜를 입었다고 생각했고, 그런 관계는 막말기까지 지속되었다.

문제는 장군 도쿠가와 요시노부가 이를 받아들일 것이냐였다. 아무리 명민하고 시세를 포착하는 데 능란하다고는 해도 300년 가까이 조상 대대로 담당해온 정권을 자기 대에 포기한다는 것은 누구에게도 쉬운 일은 아니었을 것이다. 료마도 쉬운 일은 아니라고 생각했다. 10월 13일, 대정봉환 건백서를 들고 장군을 만나러 가는 고토 쇼지로에게 그는 "오늘 성에 들어가 건백서가 받아들여지지 않으면 죽을 각오를 하십시오. 만약 선생께서 퇴궐하지 않으면 성에서 죽음을 맞이했다고 보고 해원대가 복수를 하겠습니다. 장군이 지나가는 길에 매복해 있다가 단칼에 베어버리

마지막 장군 도쿠가와 요시노부의 대정봉환

고 지하에서 선생을 만나겠습니다"라고 했다.

실패하면 돌아오지 말고 거기서 그냥 죽으라며, 자기도 장군을 베어버리고 따라 죽겠다고 하니 참 살벌한 말이다. 고토도 각오를 새로 다졌을 거다. 부담스런 맘으로 장군이 있는 니죠성=條城으로 향하는 고토에게 료마는 한마디 더 다짐했다. "건백서의 핵심은 정치와 형벌 일체의 권한을 조정에 반환하는 것이니 이에 대해 막부가 저항할 것이 틀림없습니다. 정치와 형벌에 대한 권한이 반환되지 않으면 선생

일대의 대실책이 될 겁니다." 장군이 어영부영 애매하게 알겠다고 얼버무릴 가능성을 조심하라는 것이다. '일체의 권한'이라고 못박았다. 고토의 부담은 두 배, 세 배가 되었다.

과연 장군 요시노부는 파격적인 인물이었다. 료마의 우려와는 달리 그는 그다음 날인 10월 14일, 교토에 있던 막부 주요 관리와 각 번의 대표자들을 니죠성에 모아놓고 대정봉환을 선언했다. 그 상표문은 아래와 같다.

신臣 요시노부 삼가 황국皇國의 역사를 생각해보니 옛날 왕가王家의 기강이 흐트러져 재상가문이 권세를 잡게 되고 호겐保元·헤이지平治의 난으로 정권이 사무라이에게 옮겨지게 되었습니다. 그로부터 도쿠가와 가문이 천황의 총애를 입어 200여 년 동안 그 자손이 장군직을 이어받아 신이 그 직을 받들게 되었습니다. 그러나 정형政刑이 마땅함을 잃은 것이 적지 않아 금일의 형세에 이른 것도 필경 박덕薄德의 소치이니 부끄러움을 견디기 어렵습니다. 하물며 지금 외국과의 교류가 날로 성하게 됨에 따라 국가권력이 한 곳에서 나오지 않고서는 기강이 서기 어렵게 되었으므로 지금까지의 구습을 고쳐 정권을 조정에 봉환奉還하고 널리 천하의 공의를 다하며 성단

^{聖斷}, 천황의 판단을 받들어 함께 협력하여 황국을 보호한다면 분명히 해외만국과 나란히 설 수 있을 것입니다. 요시노부가 국가를 위해 할 일은 이것뿐이라고 생각합니다.(「대정봉환 상표」)

천황에 대해 스스로를 '신(신하)'이라고 칭하며 자신의 실정을 인정하고 정권 반환을 명언했다. 이 상표에 많은 사람들이 놀라고 감동했다. 사실 대정봉환 건백이 있기 전부터 장군과 막부 수뇌부에서는 이에 대해 심각하게 검토하고 있었다. 특히 장군의 브레인인 나가이 나오유키^{永井尚志}는 료마와 만나 그의 구상을 전해들은 바도 있었다. 이때 그는 료마에 대해 '고토보다 비범하고 훌륭하며 탁월한 착상을 한다'는 인상을 받았다.

물론 막부의 정치적 의도는 다른 데 있었다. 이미 막부가 정권을 유지하기 힘들게 된 이상 이를 여러 번과 여론의 희망대로 조정에 돌려주면 도쿠가와씨는 일개 대명으로 돌아갈 것이다. 그러나 그렇다 해도 도쿠가와에게는 400만 석의 영지가 있고 2만여 명의 가신단이 있으며 전국에는 친번, 보대번^{譜代藩}이 건재하다. '일개 대명'은 아닌 것이다.

게다가 대정봉환을 하는 정치적 결단을 내리면 천하여론은 도쿠가와씨에 우호적으로 변할 것이 예상되었다. 그 기세를 몰아 새로 구성될 천황 정부의 실권은 도쿠가와 요시노부가 잡는다는 것이었다. 천황은 아직 15세에 불과했고 조정공경들의 정치적 역량은 보잘것없었다. 사쓰마와 조슈 세력만 잘 통제하면 신정부에서도 요시노부의 권력은 여전히 유지될 것이었다.

메이지유신을 목전에 둔 죽음

대정봉환 선언을 니죠성에서 직접 들은 고토는 떨 듯이 기뻐하며 이 소식을 서한으로 료마에게 알렸다. 료마는 즉시 신정부의 직제와 권력구성을 생각했다. 권력 핵심인 참의에 14명을 선정했는데 료마 자신도 명단 맨 끝에 이름이 올라 있었다. 이대로 신정부가 수립되면 그 핵심은 요시노부와 에치젠의 마쓰다이라 요시나가, 그리고 도사번의 야마우치 요도가 될 것이다.

료마는 요도의 서한을 갖고 요시나가를 만나러 에치젠으로 달려갔다. 10월 말경이었다. 영민하고 합리적인 요시노부와 막부에 우호적인 에치젠번, 도사번이 협력하고 사쓰마번, 조슈번을 잘 달래서 신정부에 합류시키면 무력충돌 없이 천황 중심의 신정부가 탄생할 터였다. 11월 5일, 료마는 교토로 다시 돌아왔다. 곧바로 기대에 한껏 부풀어 위에서 소개한 대로 선중팔책에 이은 새로운 정부강령을 만들었다. 지난번과 달리 참의명단에서 자신은 뺐다. 왜였을까? 욕심을 버리고 마음을 비운 것일까, 아니면 곧 있을 죽음을 예견했을까.

기나긴 료마의 투쟁이 이제 막 열매를 맺으려 했지만, 그는 결국 그 열매를 보지 못했다. 교토로 돌아온 지 10일 만인 11월 15일, 대정봉환 선언이 나온 지 한 달 남짓한 이날, 막부 순찰대가 료마의 숙소에 들이닥쳤다. 오미야라는 여인숙이었다. 암살 위기를 몇 번 넘긴 료마였지만 이번에는 벗어나지 못했다. 즉사했다. 같이 있던 맹우 나카오카 신타로中岡愼太郎도 중상을 입고 이틀 뒤 절명했다. 왕정복고 쿠데타로 천황 정부가 탄생하기 20여 일 전이었다.

Q 묻고

답하기 A

'유신삼걸'이 아닌 료마가 유독 대중들에
게 많은 사랑을 받는 이유는 무엇인가?

사카모토 료마가 유명해진 것은 일본의 국민작가
시바 료타로의 역사소설 『료마가 간다』가 대히트
를 치고부터다. 이 소설은 우리나라에도 번역되
어 있다. 물론 그전에도 전문가들 사이에서는 그
의 활약상이 알려져 있었지만 국민적 스타가 된
것은 이 소설이 나오고부터다. 그 후 NHK 드라마
등을 통해서 그의 인기는 최고점을 찍었다.

료마는 도사번의 고치에서 태어났지만 1862년

탈번한 이후 전국을 떠돌아다녔다. 그중에서도 주로 활동한 곳은 에도, 교토, 나가사키, 가고시마다. 이 중 나가사키에서는 무역상사 해원대를 만들었고, 가고시마로는 일본 최초의 신혼여행을 갔으며, 교토에서는 반막부 활동을 벌이다 암살당했고 묘지도 그곳에 있다. 료마가 인기를 얻자 지금이 도시들이 모두 료마와의 연관성을 주장하고 나섰다.

그도 그럴 것이 워낙 활발하게 이곳저곳에서 왕성하게 활동했기 때문에 그 도시들 모두에 그의 흔적이 많이 남아 있기 때문이다. 이 도시들은 료마와 관련된 사적을 발굴하여 유적지를 만들거나 굿즈를 만들어 관광객을 불러들인다. 도로도 공원도 그의 이름을 붙인 것들이 부지기수다. 이런 비즈니스와 연동되어 료마의 인기는 더욱 올라갔다.

메이지유신 당시 청년들과는 달리 료마는 묘하게도 해외침략에 대해 적극적이지 않았다. 그는 해군육성과 무역추진 같은 바다와 관련된 주장을 주로 했지만 요시다 쇼인처럼 해외팽창론을 주장한 적은 거의 없다. 또 막부에 대해서도 '무조건 타도'를 외치지 않고, 지금까지 해온 막부의 공적을 인정할 건 인정한 위에서 평화적인 정권교체를 시도했다. 요시다 쇼인 일파의 막부타도론, 존왕양이론과는 사뭇 결이 달랐던 것이다.

그래서 현재 일본 사회가 국제적인 마인드를 중시하고 아시아와의 협력을 중시할 때는 료마가 곧잘 소환된다. 일본의 대표적 국제통인 소프트뱅크 손정의 회장이 료마를 추앙한 게 좋은 예다. 반대로 일본의 민족주의를 강조하고 아시아에 대해 날선 자세를 보이는 정치세력은 요시다 쇼인을 즐겨 소환한다. 아베 신조 전 총리가 대표적이다. 쇼인은 강렬하고 어둡지만 료마는 명랑하고 밝다. 나는 일본 시민들이 쇼인보다는 료마를 더 주목해주길 희망한다.

메이지유신 과정에서 '번'의 역할이 컸
음에도 '탈번'한 료마가 유신의 주역이
될 수 있었던 배경이 궁금하다.

변혁 과정에서 번을 어떻게 이용할 것인가에 대
해서는 여러 가지 생각이 엇갈렸다. 요시다 쇼인
은 번의 보수성에 절망한 나머지 일반 사무라이
나 상층 농민이 번을 뛰어넘어 연계해서 정치세
력을 만드는 '초망굴기론'을 주장했다. 조정의 공
경도 번의 대명도 신뢰할 만하지 않다는 것이다.
쇼인은 그 꿈을 후배들에게 의탁하고 형장의 이
슬로 사라졌지만, 그의 후배들은 그리 단순하지
않았다. 사쓰마번의 오쿠보 도시미치는 한 차례
일반 사무라이들의 봉기를 시도한 적은 있으나
그것이 실패로 끝난 후 현실을 자각했다. 그는 번
권력을 이용하기 위해 권력자에 열심히 접근해서
그의 신뢰를 획득하는 데 최선을 다했다. 그가 번
실력자 시마즈 히사미쓰가 바둑을 좋아한다는 사
실을 알고 바둑을 열심히 배워 그에 접근했다는

건 유명한 일화다. 결국 그는 사이고 다카모리와 함께 사쓰마번의 전체 권력을 이용하여 메이지유신의 왕정복고 쿠데타를 성공시켰다.

한편 사카모토 료마는 일찌감치 탈번을 감행했다. 낭인이 된 것이다. 그는 교토, 에도, 나가사키 등지에서 여러 동지들을 모아 반막부 활동을 전개해나갔다. 그에게는 번이 없어도 좋았다. 그러나 번이 스스로 알아서 도와준다면 마다할 이유는 또 없었다. 사면, 탈번, 사면을 반복하던 그는 결국 도사번이 지원하는 해원대를 창설했고, 도사번의 힘을 이용하여 장군의 권력을 천황에 반환하는 대정봉환을 실현시켰다. 낭인(초망) 신분으로 횡적인 연대를 광범하게 갖고, 그에 기반하여 번 권력의 도움을 받는 패턴이니 요시다 쇼인과 오쿠보 도시미치 노선의 중간 노선이라 할 만하다. 여기서도 그의 타협적 성격이 잘 드러난다고 할 수 있을 것이다.

료마는 탈번을 한 낭인 신분이었기 때문에 번의 제약을 받지 않고 자유롭게 행동할 수 있었다.

신분에 구애되지 않고 에도의 유력 정치가를 만날 수도 있었고 가쓰 가이슈의 문하에 들어가 해군 관련 일을 실컷 할 수 있었다. 그의 존재감이 커진 걸 본 도사번이 그에게 손을 내밀었을 때 그는 흔쾌히 그 손을 잡았다. 도사번의 자금과 인력 지원, 그리고 실세인 고토 쇼지로와의 협력으로 료마가 추진하던 일은 급진전되었다. 번 밖 초망들의 단결된 힘과 번 권력의 지원을 함께 묶어낼 수 있었던 데 료마의 성공배경이 있었다고 할 것이다.

4부

라스트 사무라이,

사이고 다카모리

사이고는 '최후의 사무라이'이자 '근대 일본의 로망'이다. 국가의 생존을 위해 급격한 서구화 변혁을 수행했지만, 그 과정에서 피치 못하게 발생하는 사무라이들의 상실감을 그는 이해했다. 사이고는 서양과 근대를 배척하지 않으면서 동시에 일본과 전통을 함께 껴안고 그 사이에 끼어 죽었다. 메이지 정부에 반란을 일으켰지만 아무도 그를 '반란의 수괴'로 여기지 않았다. 도쿄 우에노 공원에 있는 사이고의 동상은 그에 대한 일본인들의 마음을 보여준다.

서양과 근대,
일본과 전통을
함께 껴안다

근대 일본의 로망

사이고 다카모리는 '최후의 사무라이'이자 '근대 일본의 로망'으로 불린다. 일본 역사인물 중에서 최고의 인기를 누리는 사람 중 한 명이다. 비극적으로 죽었기 때문이다. 그것도 멋있게 사무라이의 마지막 모습을 보여주며 죽었다. 사람들은 묘하다. 당시 그는 근대 일본을 연 주역이 아니었다. 그런데도 스러져간 것에 대한 어떤 연민, 애착 이런 게 있다. 패배한 사람들에 대한 동정, 아쉬움 같은 건데 이 사람이 그런 감정을 대표하는 인물이다.

'유신삼걸'이란 말이 있다. 그중 사이고 다카모리는 전사하고, 기도 다카요시는 병사하며, 오쿠보 도시미치는 암

사이고 다카모리(1828~1877년)의 초상

살당했다. 유신 10년 후인 1877년과 1878년 사이, 거의 동시에 유신삼걸이 다 죽었다. 모두 40대 후반에서 50대 초반 나이였다. 이 뒤를 이어 등장한 사람이 이토 히로부미다. 이들이 이렇게 한꺼번에 사라지지 않았더라면, 나이로나 경력으로나 이들보다 한참 아래였던 이토가 그리 쉽게 권력자가 될 수는 없었을 것이다. 이토는 운이 좋은 사람이다.

톰 크루즈가 주연한 〈라스트 사무라이〉라는 영화를 기억하는 분들이 있을 거다. 그 주인공이 바로 사이고 다카모리다. 물론 픽션이 많이 가미돼 있지만. 그 영화에서 보이는 사이고 다카모리의 모습이 지금 일본 사람들이 그에게 갖고 있는 이미지라고 보면 된다. 사쓰마번 출신으로 다음에서 다룰 오쿠보 도시미치와는 한동네 죽마고우였다. 막부 토벌의 일등 공신이었지만 메이지 정부의 개명정책(반사무라이 정책)에 반대하는 사무라이들과 함께 반란(서남전쟁西南戰爭)을 일으켰다가 오쿠보에게 진압되었다. 전투 중 총탄을 맞자 옆의 부하에게 자기 목을 쳐줄 것을 부탁해 전사했다. 오랫동안 최후를 직감한 사이고가 할복했다고 알려져 왔으나 할복할 기력은 이미 없었던 것 같다. 일본인들이 생각하기에 사이고의 죽음에는 역시 할복이 어울린다는 '기대'가 할복설을 유포시켰을 것이다.

내가 일본문화 중에서 여전히 이해하기 어려운 것이 할복이다. 조선은 잘못한 사람에게 사약을 내린다. 마시고 오장육부가 타서 죽지만 겉은 멀쩡하다. 그에 비해 일본은 배를 가른다. 놀랍게도 19세기, 20세기까지도 간헐적으로 이어졌다. 러일 전쟁의 영웅 노기 마레스케 장군은 1912년 메이지 천황이 죽자, 배를 갈라 순사殉死한다. 주군을 따라 죽은 것이다. 그때 그의 부인도 주인(일본어로 남편을 주인主人이라고 한다)인 남편을 따라 자결했다. 1971년에는 노벨 문학상 후보까지 올랐던 미시마 유키오三島由紀夫라는 작가가 일본 자위대 건물 발코니에서 천황 권력의 부활을 주장하며 할복했다.

원래 배를 찔러도 사람은 잘 안 죽는다. 보통은 찌르는 순간 쇼크를 일으키거나 체력이 다해 할복을 완성(?)하지 못한다. 그래서 옆에 가이샤쿠介錯라는 할복 도우미(?)를 둔다. 이 사람이 고통에 허덕이는 할복자의 목을 쳐주는 것이다. 그런데 가이샤쿠의 도움 없이 스스로 할복을 완수하는 독종들도 있다. 사카모토 료마 얘기할 때 나왔던 도사근왕

우에노 공원에 세워진 사이고 다카모리의 동상

당의 지도자 다케치 한페이타는 주군에게 할복을 명받자 가이샤쿠를 거부하고 혼자 힘으로 끝까지 배를 갈라 죽었다. 스스로 할복을 완성하는 것은 명예로운 행동으로 여겨졌다. 또 할복에는 가르는 길에 따라 여러 방법이 있었고 그에 따라 평판도 달라진다. 이해하기 힘든 문화다.

라스트 사무라이, 사이고는 사후 우상화되었다. 천황을 옹립하고 있는 메이지 정부에 반란을 일으켰으니 역적임에 틀림없는데 아무도 맘속에서 그렇게 생각하지 않았다.

메이지 천황도 오쿠보 도시미치도 마찬가지였다. 거기에는 근대 일본인의 아이덴티티 문제가 관련되어 있다. 메이지유신은 엄청난 서구화 변혁이었다. 나라의 생존을 위해서 열심히 서구화를 추구했지만 그 과정에서 피치 못하게 발생하는 민족적 상실감을 사이고를 통해서 만회하려고 했던 것이다.

사이고는 서양과 근대를 배척하지는 않았지만 동시에 일본과 전통을 함께 껴안으려다 상징이 되었다. 그 상징을 통해 근대 일본인들은 허기를 채우려고 했다. 1889년 대일본제국 헌법이 반포되었을 때 행해진 대사면으로 사이고는 정3위에 추증되었고, 1898년에는 도쿄 우에노 공원에 그의 동상이 세워졌다. '그래도 한때 반란군의 수괴였는데…' 하는 반발도 있었지만 곧 잠잠해졌다. 도쿄 관광 때 본 적 있는 독자들도 계실 것이다.

사쓰마번의 위용

1828년(분세이 10년) 12월 7일, 사이고 다카모리는 사쓰마번의 하급 무사 집안에서 4남 3녀 중 장남으로 태어났다. 그러고 보니 이 책에 등장하는 네 명 모두 하급 이하 사무

서가

서울대 가지 않아도 들을 수 있는 명강의

명강

30

인문

개인에서 타인까지,
'진짜 나'를 찾기 위한 여행

다시 태어난다면,
한국에서 살겠습니까

사회과학 이재열 교수 | 18,000원

**"한강의 기적에서 헬조선까지
잃어버린 사회의 품격을 찾아서"**

한국사회의 어제와 오늘을 살펴
문제점을 진단하고 해결책을 제안한 대중교양서

우리는 왜 타인의
욕망을 욕망하는가

인류학과 이현정 교수 | 17,000원

**"타인 지향적 삶과 이별하는
자기 돌봄의 인류학 수업사"**

한국 사회의 욕망과
개인의 삶의 관계를 분석하다!

내 삶에 예술을 들일 때,
니체

철학과 박찬국 교수 | 16,000원

**"허무의 늪에서 삶의 자극제를
찾는 니체의 철학 수업"**

니체의 예술철학을 흥미롭게, 또 알기 쉽게
풀어내면서 우리의 인생을 바꾸는 삶의
태도에 관한 니체의 가르침을 전달한다.

지금, 서가명강 시리즈로 각 분야

서가명강 BEST 3

서가명강에서 오랜 시간 사랑받고 있는
대표 도서 세 권을 소개합니다.

나는 매주 시체를 보러 간다

의과대학 법의학교실 유성호 교수 | 18,000원

"서울대학교 최고의 '죽음' 강의"

법의학자의 시선을 통해 바라보는 '죽음'의 다양한
사례와 경험들을 소개하며, 모호하고 두렵기만
했던 죽음에 대한 새로운 인식을 제시하다

사는 게 고통일 때,
쇼펜하우어

철학과 박찬국 교수 | 17,000원

**"욕망과 권태 사이에서
당신을 구할 철학 수업"**

세상일이 뜻대로 되지 않아 지친 현대인들에게
위로가 되어줄 쇼펜하우어의 소중한 통찰

세상을 읽는 새로운 언어,
빅데이터

산업공학과 조성준 교수 | 17,000원

**"미래를 혁신하는
빅데이터의 모든 것"**

모두에게 영향력을 끼치는 '데이터'의 힘
일상의 모든 것이 데이터가 되는 세상에서
우리는 빅데이터를 어떻게 바라봐야 할까?

처음이야

더 쉽게, 더 새롭게, 더 유익하게!
십 대와 성인이 함께 즐기는
내 인생의 첫 교양 시리즈를 만나보세요.

* 처음이야 시리즈는 계속 출간됩니다.

라이 출신들이다. 집은 사쓰마번의 성하정이자 인구 7만 2000명으로 당시로서는 대도시였던 가고시마의 시모가지 야초라는 동네였다. 이 동네를 답사하다 보면 '~의 탄생지'라는 표지가 발길에 차일 정도로 많다. 하급 사무라이 집들이 70여 가구 모여 있던 이곳에서 사이고뿐 아니라 오쿠보 도시미치, 오야마 이와오, 무라타 신파치, 도고 헤이하치로 등 기라성 같은 인물들이 태어났다. 해군대장이자 1874년 대만 침공을 한 사이고 쓰구미치는 사이고 다카모리의 둘째 동생으로 그 역시 이 동네에서 태어났다.

이미 말한 대로 일본 전국에는 270개 정도의 번이 있었는데 그 규모는 제각각이었다. 그 중에서 사쓰마는 면적, 경제력(석고), 대명(시마즈씨島津氏)의 가격家格 등 모든 면에서 가장 강력한 번 중 하나였다. 이를 일본사에서는 웅번雄藩이라고 하는데, 웅번들이 주로 일본열도 서남쪽에 있었기 때문에 이들을 '서남웅번'이라고 한다. 사쓰마, 조슈, 도사번, 사가번佐賀藩 등이 그들이다. 석고는 80만 석 정도로 전국 랭킹 2위이며, 면적은 한국의 경기도만 하다. 번들 중에는 도쿠가와 시대 때 만들어진 번들도 많았으나 사쓰마의 번주 시마즈씨는 가마쿠라 막부 시대까지 계보가 올라가는 유

순위	번명	석고 규모(석)
1	가가번	1,022,700
2	사쓰마번	770,000
3	센다이번	625,600
4	오와리번	619,500
5	기슈번	555,000
6	히고번(구마모토)	540,000
7	지쿠젠번(후쿠오카)	520,000
8	아키번(히로시마)	426,000
9	조슈번	369,000
10	히젠번(사가)	357,000

막부 말기의 석고(쌀 생산량) 규모 순위

서 깊은 집안이어서, 번 내에서는 사실상 왕과 같은 위치였다. 임진왜란 때 시마즈씨는 조선침공 주력부대 중 하나였다.

조선의 양반들이 향촌에 거주하는 것을 이상으로 여겼고 실제로 많은 수가 실천했던 것에 비해 도쿠가와 시대 사무라이들은 대부분 도시에 살았다. 많은 인구가 조그만 도시에 복닥복닥하며 살려니 질서나 청결 같은 규범도 일찍 발달했다. 거주도 신분별로 달리했고 집들도 다닥다닥 붙어 있는 경우가 많았다. 어릴 때부터 강한 일체감을 형성하기 좋은 조건이다. 사쓰마의 사무라이들은 그 수도 많았고 표한驃悍하기로도 유명했다. 하급 사무라이들이 많은 것은 어느 번이나 마찬가지였지만, 사쓰마는 특히 그 비중이 높았다. 사무라이 인구가 전국적으로 약 7~10퍼센트 되는데 비해 사쓰마는 그 두 배가 넘었다. 7~10퍼센트도 지배층 인구로서는 매우 많은 비율인데 그보다 훨씬 많았으니, 경제적으로나 관직배분 면에서 불만이 생기기 쉬웠다. 대외 위기의식이 생기고 집단적으로 유학을 배우는 사이, 이들은 점점 정치세력화되었고, 그들 사이에서 나타난 지도자가 번 권력이나 상층 사무라이를 능가하는 정치 리더가 되었다. 사이고나 오쿠보 도시미치가 바로 그들이다.

사쓰마번은 류큐 왕국, 즉 지금의 오키나와를 지배하고 있었다. 임진왜란이 끝나고 1609년, 사쓰마는 류큐 왕국을 침공해 조공약속을 받아냈다. 그 뒤로 류큐 왕국은 청과 사쓰마에 동시에 조공하는데 이를 양속체제兩屬體制라고 한다. 당시 류큐는 청나라에 빈번히 조공사절단을 파견하고 있었고, 이를 통해 값비싼 중국산 제품들을 수입했다. 류큐는 조선과 함께 명청시대에 가장 자주 조공사절단을 파견한 나라였다. 이 중국산 제품이 사쓰마는 필요했다. 이 때문에 사쓰마는 류큐의 상씨尚氏 왕조를 폐하지 않았을 뿐 아니라 오히려 청나라에 대한 조공을 장려했다. 또 류큐가 사쓰마에도 조공하고 있다는 사실을 청이 알면 문제가 될까봐 잘 숨기도록 지시했다.

류큐가 보내오는 중국산 물건들은 사쓰마 재정에 커다란 보탬이 되었다. 이것이 나중에 서양 세력이 류큐에 등장했을 때 사쓰마가 민감하게 반응한 이유다. 그 후 류큐는 왕국체제를 유지하다 1872년 메이지 정부의 강압으로 류큐번으로 격하되었다. 그러고는 1879년에 아예 번을 없애고 현을 설치해버렸다. 직할해버린 것이다. 본토에서 폐번치현廢藩置縣이 일어난 지 8년 만의 일이다. 이름도 류큐가 중국풍이라는 이유로 오키나와로 바꿔버렸다. 지금도 오키나와현은 일본 땅이다.

무사 집단의 상징, '가문家紋'

사쓰마는 일본 전체에서 보면 벽지다. 그러나 일본에서는 동아시아와 교류를 활발히 한 지역 중 하나다. 동아시아 입장에서 보면 간토(관동)야말로 벽지다. 그것은 술을 통해서도 엿볼 수 있다. 다 잘 알듯이 일본인들은 사케를 잘 마신다. 그런데 유독 사쓰마 지역, 그러니까 지금의 가고시마현 사람들에게는 쇼추燒酒, 소주가 대중주다. 21세기 들어 일본인들도 쇼추를 좋아하게 되면서 술집에서도 쇼추를 흔히 볼 수 있게 되었고 그 덕에 사쓰마 쇼추도 널리 판매되고 있지만, 내가 유학하던 1990년대만 하더라도 사쓰마의 술문화는 특이한 것이었다.

재미있게도 오키나와 사람들도 아와모리라는 증류주를 즐겨 마신다. 사케는 발효주이고 쇼추는 증류주다. 한국의 소주나 중국의 고량주는 증류주다. 술문화 관점에서만 보면 사쓰마나 오키나와는 중국문화권이라고 할 수 있을지도 모르겠다.

조선이나 중국의 경우 아무리 명문가라 할지라도 가문을 갖고 있는 경우는 없다. 지금도 마찬가지일 것이다. 나는 자기 집안만의 문양이 있는 집을 본 적이 없다. 하지만 일본에서는 지금도 있는 집들이 있다. 가문 하면 유럽 명문가들의 문양이 떠오를 것이다. 즉 유럽의 봉건사회와 일본의 봉건사회가 가문을 갖고 있는 것이다. 이게 왜 필요했을까? 아마도 전쟁 때문일 것이다. 전투를 하려면 아군과 적군이 명확히 구분되어야 한다. 전사 집단이 지배층이었던 유럽과 일본은 그래서 가문이 필요했던 것이고, 그 연장선상에서 국기國旗도 나왔을 것이다. 중국이나 조선의 사대부들이라면 상상할 수 없는 발상이다.

사족이지만 한국의 태극기는 참 독특한 국기다. 국기라는 것은 'national flag'이니 그 나라의 민족성이나 고유성을 잘 드러내야 할 것이다. 일본은 일장기, 즉 히노마루日の丸인데, 우리의 단군에 해당하는 일본의 시조가 아마테라스오미가미天照大神, 태양의 여신이다. 일본의 국명을 보라. 일본日本, 해 뜨는 곳이라는 뜻이다. 그러니까 일본 국기에 해가 그려져 있는 것은 정말 일본답다고 할 수 있다.

반면 우리 국기에는 태극과 팔괘가 있다. 태극이라는 것은 성리학에서 이 우주의 가장 기초가 되는, 원천이 되는 어떤 요소를 가리킨다. 그게 서로 음양이 얽혀서 발현된 것이 이 세계라는 것이다. 그다음에 팔괘는 알다시피 삼경 중하나인 『주역』에서 우주의 구성 원리를 설명할 때 나오는 도안이다. 그러한즉 태극기에는 한국을 표상하는 것이 없다. 훗날 세계 공화국이 만들어지면 그에 적합할 깃발이다. 그럴 정도로 보편적인 의미를 담은 문양이다. 태극기를 볼 때마다 한국의 사상, 문화에서 민족주의란 과연 어떤 개념 이고 존재인가를 생각하게 된다.

주군 나리아키라를 흠모하며

다시 사이고 얘기로 돌아오자. 그는 어려서부터 양명학과 주자학을 배웠다. 앞에서도 설명한 대로 이 무렵 사무라이 들에게 유학 학습은 거의 필수적이었다. 물론 과거시험을 위한 건 아니었다. 그러니 시험을 의식할 일 없이 자유분방 하게 학파를 넘나들며 공부했다. 조선 양반은 과거시험 답 안을 주자학의 교리에 맞게 쓰지 않으면 합격할 수 없으니 주자학 일변도로 공부했겠지만, 이들은 그럴 필요가 없었 다. 주자학과 양명학뿐 아니라 불교, 난학, 병학 등 배움에 아무런 제약이 없었다. 사이고는 20세 무렵 공부 모임에서 『근사록』, 『전습록』 등 주자학과 양명학의 대표적 고전을 학습했는데, 여기에는 역시 오쿠보 도시미치도 있었다. 내 가 말하는 '독서하는 사무라이'다.

　사이고를 얘기할 때 빼놓을 수 없는 인물이 주군 시마즈

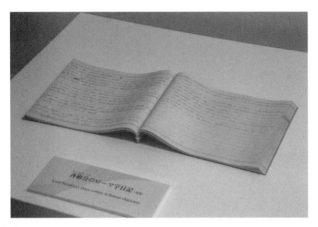

나리아키라가 알파벳으로 쓴 일기

나리아키라^{島津齊彬}다. 그는 1850년대에 주로 활약했던 당대의 명군으로, 변방인 사쓰마에 있으면서도 서양 문명에 지대한 관심을 기울였다. 일기를 쓸 때 일본어 발음을 알파벳으로 표기할 정도였다.

그는 부국강병만이 사쓰마와 나아가 일본의 생존을 보장할 거라고 판단하고, 강병의 재원 마련을 위해 공업과 무역을 제창했다. 그를 위해 영지에 집성관^{集成館}이라는 대규모 공장을 만들어 유리, 화약 등을 제작케 했다. 지금도 이곳에 가면 예쁜 유리제품들을 살 수 있다. 그는 서양 문명의 핵심이 철을 만들고 다루는 기술에 있음을 간파했다. 그래서 반사로反射爐를 만든다. 반사로는 일종의 용광로로 철을 녹이는 시설이다. 시마즈 나리아키라뿐 아니라 당시 일본에서는 반사로 만들기 경쟁이 벌어졌다. 막부, 사가번, 조슈번이 반사로를 만들었다. 대포, 증기선 등 무기를 만들기 위한 것이었다.

나리아키라는 나아가 증기선 제작을 시도했다. 서양 기술자의 도움도 없이 도전했으니 큰 성과를 얻지는 못했지만, 그런 시행착오를 수없이 반복하는 가운데 기술은 축적되고 기술자는 형성되었다. 그 결과 1855년, 증기기관을 만들어냈고 소형증기선을 출항시켰다. 증기선 구입에도 열을 올렸다. 그 전통은 그의 사후에도 이어졌다. 1864년부터 3년간 막부는 8척의 증기선을 구입한 데 비해 사쓰마는 9척을 구입했다. 구마모토번은 3척, 도사번은 2척에 지나지 않았다. 사쓰마는 이 과정에서 서양의 배에 국기가 있는 걸 모방하여 히노마루를 고안해서 게양했다. 이를 1855년에 막부가 막부 선박에 차용했고, 이어 1870년 일본의 국기가 되었다.

명군 나리아키라의 명성은 에도에서도 높아만 갔다.

1853년에 페리가 나타나고 1858년 미국 총영사 해리스가 통상을 요구하는 등 대외 위기감이 고조되자 그의 정치적 비중은 점점 높아졌다. 때마침 병약한 장군의 후계자를 세우는 문제를 둘러싸고 분쟁이 벌어졌다. 그는 영민하기로 이름이 높았던 히토쓰바시 요시노부를 미는 히토쓰바시파의 핵심인물이었다. 사이고 다카모리는 이때 주군의 심복으로 격렬한 권력투쟁이 펼쳐지는 에도 정계에서 대활약을 하였다. 그러나 이들의 노력에도 불구하고 장군의 후계자는 막부 핵심층이 미는 도쿠가와 요시토미德川慶福로 결정되었다.

이 정쟁의 와중에 불행하게도 나리아키라는 49세 나이로 급사했다. 흠모해 마지않던 주군의 사망소식은 사이고에게 절망을 안겨주었다. 게다가 정쟁에 패해 막부에게 쫓기는 신세가 되었다. 사이고는 자살을 결심하고 바다에 몸을 던졌으나, 같이 투신한 동지만 죽고 자신은 구조되었다. 실패했지만 주군을 따르는 순사, 앞에서 언급한 노기 마레스케가 생각나는 장면이다.

정치적 위기를 이겨내고
거물이 되다

유배, 복귀, 다시 유배

목숨은 건졌으나 정치적으로는 죽은 목숨이었다. 사쓰마 번은 막부의 추격을 피하기 위해 사이고를 죽은 것으로 하고 사쓰마와 류큐 사이 오시마 섬에서 잠적하게 했다. 나리아키라에 이어 그의 이복동생인 시마즈 히사미쓰의 아들이 대명에 즉위했다. 사이고에게 히사미쓰는 정적이나 마찬가지였다. 그러나 이미 사무라이들, 특히 하층 사무라이들 사이에서 사이고의 신망은 확립되어 있었다. 비록 유배되어 있으나 그의 복귀를 바라는 여론은 만만치 않았다.

그러는 사이 세상은 존왕양이의 시대가 되었다. 천황을 받들어 서양 오랑캐를 몰아내자는 과격파들이 점점 득세했다. 이들은 서양과 조약을 체결한 막부를 격렬히 비난하면서 웅번인 사쓰마와 조슈가 막부를 바로잡아줄 것을 기대했다. 이들의 기대를 한 몸에 받고 히사미쓰는 중앙정계에 영향력을 확대하려고 부심했다. 기대는 받았으나 히사미쓰는 존양파 노선에 전혀 동의하지 않았다. 그의 목표는 천황이 직접 정치를 하는 왕정복고가 아니라 막부를 개혁하여 사쓰마가 막부정치에 간여하는 것이었다. 이미 맺어진 조약을 파기할 생각은 추호도 없었고, 오히려 무역을 통해 벌어들일 부에 지대한 관심이 있었다. 가신단의 신분질서도 종전대로 엄격히 유지되어야 했고, 하급 사무라이들이 감히 발호하는 것을 그는 받아들이지 않았다. 메이지유신 후에도 그는 메이지 정부에 맞서 수구파의 거두가 된다.

이렇게 복잡하게 얽힌 문제들을 해결하기 위해서는 역시 중앙정치 활동에 경험이 있고 넓은 인맥이 있는 사이고가 절실했다. 히사미쓰는 마뜩잖으면서도 결국 그를 다시 불러들였다. 1862년, 3년간의 유배 생활을 마치고 사이고는 사쓰마로 돌아왔다. 그의 나이 34세 때의 일이다. 사면을 받고 나서도 사이고의 태도는 크게 변한 게 없었다. 나리아키라에게 반해버린 그에게 히사미쓰는 평범한 권력자에 불과했다. 당대에도 그렇거니와 현재 연구자들 사이에서도 히사미쓰의 정치역량은 높게 평가받는다. 가신인 주제에 그런 그를 경시하는 티를 감추지 않는 사이고를 히사미쓰가 괘씸히 여긴 것도 당연하다.

그해 봄, 히사미쓰는 모험적인 정치행동에 나섰다. 존왕양이 운동이 기세를 올리는 가운데 1000여 명의 군사를 이끌고 교토로 상경하려고 했다. 상경하여 조정의 호응을 얻은 후 에도로 가 막부정치의 일대혁신을 요구할 참이었다. 대명이 막부의 허락 없이 군대를 교토에 진출시키다니, 전대미문의 일이었다. 존양파들은 이를 사쓰마가 막부에 도전해 천황을 옹립하려는 것이라고 멋대로 생각해서 한껏 기대에 부풀었다.

히사미쓰가 의견을 구하자 사이고는 "당신은 아직 무명이라서 이런 큰일을 하는 것은 무리"라고 말했다. 지나치게 솔직했지만 그는 그런 사람이었다. 히사미쓰는 상한 기분을 가라앉히고 사이고를 선발대로 보내 교토와 오사카 근처에서 대기하도록 명령했다. 번을 떠나 정세를 직접 관찰한 사이고는 존양파의 무모한 행동이 위험하다고 판단했다. 천황을 옹립하고 외세를 배격하는 데 사이고도 이견이 없었지만 그들의 행동은 너무나 급진적이었고 현실성이 없었다. 정치를 하겠다는 사람이 냉정함과 현실감을 잃어서는 안 되는 일이었다.

메이지유신의 로망을 대표하는 사이고도 현실주의자임에는 다름이 없었다. 히사미쓰가 이대로 상경했다가는 존양파 세력에 기름을 붓는 꼴이 될 것 같았다. 존양파의 폭주를 막고자 그는 히사미쓰의 허락도 없이 오사카로 들어갔다. 마침내 히사미쓰의 인내가 한계에 달했다. 격노한 히사미쓰는 다시 사이고를 저 멀리 도쿠노시마로 유배 보냈다. 이 중차대한 시기에 사이고는 다시 정계에서 멀어진 것이다. 오시마 유배에서 풀려난 지 반년도 안 된 때였다.

유배지 도쿠노시마에 아이가나라는 여성이 아이 두 명을 데리고 나타났다. 아들 하나 딸 하나였다. 이전 오시마 유배 때 만났던 여인이었다. 이 중 남자아이 기쿠지로는 훗날 교토 시장이 된다. 그러나 옛 여인과 아이들과의 만남도 오래가지는 못했다. 히사미쓰의 명령으로 더 먼 섬으로 유배를 떠난 것이다. 히사미쓰의 분노를 짐작할 수 있다. 그 섬에서 사이고는 사숙을 열어 젊은이들을 가르치고 기근 퇴치를 위해 사창社倉 계획을 마련했다. 또 옛 동지들을 통해 사쓰마와 중앙정계의 정보도 흡수했다. 『한비자』, 『근사록』, 『자치통감강목』 등의 책도 반복해서 읽었다. 이번 유배는 1년 반 이상 계속되었는데, 이 기간 동안 사이고는 긴장의 끈을 늦추지 않고 각종 활동을 하면서 내공을 단련해나갔다.

반란을 제압하고 한순간에 정치의 중심으로

사쓰마의 실력자 히사미쓰가 상경한다는 소식은 존양파를 흥분시켰다. 그러나 히사미쓰는 막부에 비판적이긴 했지만 이를 무너뜨릴 생각은 전혀 없었다. 막부가 무너지면 사쓰마번을 포함한 봉건질서 전체가 무너질 것이었다. 이에 사쓰마번의 존양파들은 교토 근처 데라다야寺田屋에 모여 히사미쓰에게 압력을 가하기 위해 친막부 인사의 테러 등을 획책하고 있었다. 정보를 입수한 히사미쓰는 진압대를 파견하여 이들을 무자비하게 살해해버렸다. 히사미쓰의 정치노선과, 그 실현을 위해서는 자기 가신들도 베어버리는 과단성이 동시에 천하에 드러났다.

이 기세를 몰아 히사미쓰는 천황의 칙사를 수행하여 에도로 갔다. 거기서 그는 막부정치의 개혁을 요구했다.

1858년 장군 후계분쟁 때 히토쓰바시파였던 마쓰다이라 요시나가를 정사총재직에 임명하여 노중 위에 둘 것, 도쿠가와 나리아키의 아들이자 후계분쟁 때 현 장군과 대립한 후보였던 히토쓰바시 요시노부를 장군후견직에 임명할 것, 그리고 장군이 직접 교토에 와서 천황을 알현할 것 등이었다. 그때까지 장군은 1634년 3대 도쿠가와 이에미쓰가 상경한 이래 교토에 간 적이 없었다. 요컨대 막부 권력을 히토쓰바시파에게 개방하고, 천황의 권위를 높이려는 것이었다.

히사미쓰의 활약으로 사쓰마번의 정치적 존재감은 조슈번에 필적하게 되었다. 그러나 조슈번은 점점 과격한 존양노선을 취했기 때문에 양 번의 대립은 깊어갔다. 존양파가 상경한 장군을 에도에 가지 못하게 하고 양이전쟁을 강요하거나, 천황이 직접 양이전쟁의 선봉에 서야 한다고 주장하는 등 급진적인 움직임을 보이자, 이 기회를 잡아 사쓰마와 아이즈번이 손을 잡고 군사행동에 나섰다. 기세를 올리던 조슈번과 존양파 세력은 1863년 이 '8·18쿠데타'로 한순간에 권력을 잃고 교토에서 쫓겨났다. 존양파 편에 섰던 일곱 명의 존양파 공경公卿들도 퇴각하는 조슈 군대를 따라 조슈로 도망갔다.

이 정변을 주도한 것은 아이즈번이었지만 사쓰마도 이에 가담했다. 사쓰마의 지도부 역시 과격한 존양노선과 조슈번의 득세에는 반대했던 것이다. 존양파들이 떠받들었던 고메이 천황 본인도 천황이 군대를 인솔하여 양이전쟁에 나선다는 과격한 노선에는 정작 등을 돌렸다. 이미 에도를 뛰어넘어 정국의 중심무대가 된 교토에 다시 권력공백이 생겼다. 이를 누가 먼저 차지하느냐를 두고 치열한 싸움이 전개될 판이었다. 히사미쓰로서는 또다시 사이고가 아쉬워졌다.

1864년(겐지 원년) 2월, 사이고에게 두 번째 사면령이 내려졌다. 이번에는 1년 반 만이었다. 사이고는 돌아오는 길에 일단 오시마에 가서 아이가나와 자식들을 만났다. 그러고는 가고시마로 복귀했다. 히사미쓰는 사이고를 교토 주재 사쓰마군 사령관으로 임명했다. 머나먼 섬 유배지에서 한순간에 전국 정치의 중심으로 뛰어든 것이다. 36세 때였다. 당시 교토에서는 막부 측의 히토쓰바시 요시노부가 고메이 천황과 조정을 점점 장악해갔고 아이즈번의 군사력이 이를 뒷받침하고 있었다.

초초해진 조슈번은 그해 7월 교토에 쳐들어왔다. 궁궐 근처에서 아이즈와 조슈 병사들 간에 격렬한 전투가 발생했고 그 바람에 궁궐도 조슈의 총탄세례를 받았다. 사이고는 사쓰마 병력을 이끌고 조슈번 격퇴에 나섰다. 결국 조슈번은 궁궐 탈취에 실패하고 물러났다. 전투 중 발생한 화재로 이틀간 3만 채 가까이가 불탔다. 이로써 조슈번은 순식간에 조적^{朝敵}, 즉 조정의 역적이 되어버렸다. 조슈 사람들은 자기들을 막아선 사쓰마, 아이즈를 '살간회적^{薩奸會賊}'이라 부르며 이를 갈았다. 막부 견제를 위해서는 손을 잡아야 할 사쓰마, 조슈 두 웅번이 견원지간이 된 것이다. 이들이 1866년 초에 한편이 되기까지는 기나긴 대화와 협상이 필요했다. 이 난제를 이뤄낸 것이 사카모토 료마였음은 앞에서 이미 보았다. 사이고는 생애 최초의 군대 지휘를 멋지게 승리로 이끌어 입지를 확실히 다졌다.

"천하대사를 짊어지는 것은 결국 사이고 아닐까"

조슈군을 물리친 사이고에게 또 한 번의 중대한 갈림길이 나타났다. 막부가 궁궐에 총질한 조슈를 토벌하기 위해 각 번들에게 동원령을 내린 것이다. 거의 모든 번들이 이에 응하는 가운데 사쓰마만이 거부하기는 어려웠다. 그러나 그렇다고 조슈를 완전히 없애버리면 막부 독재체제는 계속 유지될 것이고 사쓰마도 언제 당할지 모를 일이었다.

1864년 10월, 사이고는 조슈 정벌 연합군 참모에 임명되었다. 그러나 사이고도 다른 번들도 막부 명령에 마지못해 응하긴 했으나 전의는 없었다. 더욱이 사이고는 이미 한 달 전에 조슈 정벌의 부당성을 주장하는 가쓰 가이슈를 만나 타협책을 논의했었다. 사카모토 료마의 스승, 해군의 기초를 놓은 그 가쓰 가이슈다. 그는 막부 가신이면서도 사쓰마, 조슈와의 협조노선을 끝까지 주장한 사람이었다. 막부 권력을 그들에게도 나눠주어 일본 전체의 거국일치 체제를 수립하지 않으면 일본의 미래는 없다는 입장이었다. 즉 막부나 번보다도 일본 전체를 생각하는 경륜의 소유자였다. 사이고가 가쓰에게 "막부는 사쓰마를 증오하여 괜히 의심의 눈으로 앙심을 품고 있는 것 같아 문제입니다"라고 하자, 가쓰는 "그건 막부의 한심한 관리들이 그러는 거요. 막부에도 인물이 있으니 그런 일은 신경 쓰지 마시오. 이런 일로 걱정하거나 격분하는 것은 귀번을 위해서도 결코 좋지 않소"라고 달랬다. 그리고 막부와 웅번이 연합정권을 구성하는 '공화정치' 구상을 내비쳤다.

사이고는 가쓰를 만나보고는 경탄해 마지않았다. "실로 놀라운 인물로 두들겨 패줄 심산으로 만났지만 완전히 머리를 숙이고 말았다. 얼마만큼 지략이 있는지 모를 정도였다. 학문과 견식은 사쿠마 쇼잔이 발군이지만 실제 일을 다루는 솜씨에서는 가쓰 선생이 최고다. 정말 반해버렸다"(『사이고 다카모리 전집』)라고 토로했다. 사쿠마 쇼잔은 당시 최고의 양학자로 요시다 쇼인과 사카모토 료마에게도 영향을 줬던 그 인물이다. 료마도 앞에서 가쓰를 만나고는 단박에 그 제자가 되었지만, 사이고의 칭찬이 더 위다. 그러나 정작 한눈에 반해버린 것은 가쓰였다. "그를 만나봤더니 식견과 논리 면에서는 내가 오히려 더 나았지만, 이른바 천하대사를 짊어지는 것은 결국 사이고가 아닐까"라고 내심 생각했던 것이다.

그는 "사이고는 지성의 사람이기 때문에 그를 대할 때는 괜한 권모술수를 쓰기보다 그저 나도 성심 하나로 대하게 되었다"고 훗날 술회했다. 사실 이 둘의 만남은 그 후 일본 역사에 크나큰 의미를 갖게 된다. 3년여 후 왕정복고 쿠데타가 발발하고 메이지 정부군이 막부 토벌에 나설 때 정부군의 실질적 지휘자는 사이고 다카모리였다. 위기에 처한 막부 측은 사쓰마, 조슈와 친한 가쓰 가이슈를 총사령관에 임명했다. 에도 총공격을 앞두고 사이고와 가쓰는 회담을 열어 평화적으로 에도성을 넘겨줄 것을 합의했다. 처절한 내전을 코앞에 두고 이뤄진 극적인 타협이었다.

사이고는 막부와 조슈 사이에 서서 양자를 타협시키고 막부의 제1차 조슈토벌 전쟁을 종결시켰다. 전투 한 번 없이 일단 수습이 되었다. 군대 통솔뿐 아니라 정치공작에서도 수완을 발휘한 것이다. 이를 본 히토쓰바시 요시노부는 "총독(오와리번 전 번주 도쿠가와 요시카쓰)은 특출나지 못한 인물이어서 그저 술에 취한 것처럼 고구마(사쓰마의 멸칭)에 취해 있다고 한다. 고구마의 이름은 오시마(당시 사이고의 가명)라고 한다"고 했다. 메이지유신 과정의 두 라이벌은 이렇게 서로를 의식하기 시작했다.

막부의 붕괴를 예감하다

숨을 돌린 조슈번 안에서는 다카스기 신사쿠가 쿠데타를 일으켜, 막부와의 전쟁을 불사하려는 세력이 정권을 잡았다. 새로 등장한 이 세력은 이전의 존양파와는 달랐다. 이

전 서양상선을 포격한 보복으로 이미 1864년에 서양연합 함대가 조슈번의 시모노세키 포대를 공격했고 존양파 '정 신승리'의 허구성이 백일하에 드러난 뒤였다. 다카스기는 영국유학 도중 귀국한 이토 히로부미, 이노우에 가오루 등 과 함께 조슈번 군대의 서양화에 매진했다. 단순한 서양배 격이 아니라 진정한 서양배격을 위해서 서양 문물을 받아 들여야 한다고 주장했고, 양이파의 반발을 달래기 위해 이 런 노선이야말로 '대양이大攘夷'라고 천명했다. 그리고 무리 한 요구를 하는 막부에 대해서는 항전의지를 굽히지 않았 다. 이 세력과 사쓰마가 1년여 뒤 손을 잡게 된다.

한편 막부는 조슈 정벌 총독 도쿠가와 요시카쓰에게 조 슈번주 부자를 에도로 호송할 것을 요구하는 등 타협안을 넘어서는 강경한 태도를 보였다. 조슈의 정권을 잡은 다카 스기 신사쿠 등 강경파가 반항적인 태도를 보이기 시작하 자 막부는 다시금 조슈 토벌을 결심하고 1865년 여름에 장 군 이에모치가 직접 군대를 이끌고 오사카에 입성했다. 이 번에는 그냥 끝날 것 같지 않았다. 사쓰마는 이제 막부와 조슈 사이에서 양단간에 결정하지 않으면 안 되었다. 그해 5월, 사이고는 사카모토 료마를 데리고 가고시마로 갔다.

알다시피 료마는 사쓰마, 조슈 두 웅번이 합세해 막부에 대항해야 한다고 주장해왔다. 그의 친구 나카오카 신타로^{中岡慎太郎}도 가고시마로 달려가 사쓰마와 사이고를 설득했다. 결국 사쓰마는 조슈 정벌전에 합류하지 않을 것을 결정했다.

사이고는 제2차 조슈 정벌전을 준비하는 막부에 대해 "웃음이 나올 뿐"이라며 이는 '사전^{私戰, 명분 없이 사사로이 일으킨 전쟁}'이라고 규정했다. 그리고 "막부 스스로 화를 자초하는 일이다. 막부 권위를 떨칠 수 없을 것이며 이로 인해 천하 동란이 시작될 것이다. 도쿠가와씨도 이제 운이 다했다"고 내뱉었다. 마음속에서 막부를 버린 사이고는 조슈와의 관계를 개선하기 위해 조슈의 시모노세키를 방문하기로 했다. 삿초 협력의 움직임이 보이기 시작한 것이다.

그러나 이때 불행히도 사이고는 약속을 지키지 못했다. 교토에 있던 오쿠보 도시미치가 급히 상경할 것을 요구하자 시모노세키를 들르지 못하고 교토로 직행한 것이다. 시모노세키에서 긴가민가하며 사이고를 기다리던 조슈의 지도자들은 '그러면 그렇지, 사쓰마 놈들!' 하며 되돌아갔다. 이때부터 3부에서 본 대로 료마의 맹활약이 시작된다. 조슈가 간절히 원하는 서양 신식무기를 사쓰마 명의로 구입한다는 절묘한 아이디어로 멀어져가던 두 번을 다시 연결시켰다. 이 위험한 거래를 사쓰마가 해주는 것을 보고 조슈 사람들의 마음이 약간 누그러졌다. 이 틈을 놓치지 않고 료마는 조슈의 지도자인 가쓰라 고고로에게 교토로 가 사쓰마와 회담할 것을 강하게 요구했다. 그 결과 1866년(게이오 2년) 1월, 드디어 앞에서 서술한 것처럼 삿초맹약이 성립됐다.

1866년 여름, 막부는 조슈를 사방에서 침입해 들어갔다. 그러나 조슈는 이미 서양 신식무기로 단단히 무장해 있었고, 다카스기 신사쿠의 강력한 리더십하에 사기도 충천해 있었다. 작지만 강한 군대였다. 조슈번 지도자 중 한 명인 기도 다카요시는 당시 상황을 "숙연한 것이 심야와 같은 분위기"라고 표현했다. 지금처럼 불빛이 훤히 비추는 심야에 익숙한 우리들은 잘 느끼지 못할 수도 있겠지만, 깊은 산속 심야의 분위기는 숙연하고 엄숙할 것이다. 팽팽한 긴장감이 느껴진다. 사카모토 료마도 조슈의 임전태세에 감탄했다. "마을마다 군대가 훈련한다. 이런 곳은 일본 전국에서 조슈밖에는 없을 것이다. 이 번에서는 방방곡곡에 방벽을 치고 대로에는 남김없이 지뢰를 설치했다. 서양 화기하면 조슈라고 할 정도다. 조금이라도 숲이 있으면 야전포대가 설치되어 있다"라고 했다.

이에 반해 수는 많았지만 오합지졸에 가까운 막부군은 연전연패했다. 그런 와중에 오사카에 있던 장군 이에모치가 병사했다. 막부는 이제 더 이상 전쟁을 지속할 수가 없었다. 게다가 그해 말 막부와 연대해왔던 고메이 천황이 급사했다. 사쓰마, 조슈의 독살설이 떠돌았다. 누구나가 막부의 붕괴가 가까이 다가왔음을 느꼈다. 흔히 권력자는 목전에 이르러서도 자신의 붕괴를 알아채지 못하거나 부인하는 것이 보통이다. 그래서 위기가 심해질수록 더욱 강경한 수단을 써서 권력을 유지하려 하다 문자 그대로 붕괴崩壞, 와르르 무너지는 것이 역사의 상례常例다. 그런데 이때 막부는 좀 달랐다. 막부라기보다는 신임 장군 도쿠가와 요시노부는 역사에 길이 남을 정치적 행보를 보인다.

사무라이 사이고의
결정적 순간

사이고와 마지막 장군의 대결

1867년(게이오 3년), 이미 전국적 명성을 얻고 사쓰마의 권력도 장악한 사이고는 장군 도쿠가와 요시노부(히토쓰바시 요시노부가 장군이 되면서 도쿠가와 가문을 이었다)를 거세게 몰아붙였다. 교토에서 4현후賢侯 회의를 개최한 것이다. 사쓰마의 시마즈 히사미쓰, 도사번의 야마우치 도요시게山內豊信, 에치젠번의 마쓰다이라 요시나가松平慶永, 우와지마번의 다테 무네나리伊達宗城 등 막말기 정국을 주도해왔던 지도자들을 교토에 모아놓고 막부를 압박했다. 당시 서양 열강은 무력시위까지 하며 막부가 약속대로 교토와 가까운 효고를 개항할 것을 강력하게 요구하고 있었다. 막부는 이를 받아들이려고 했다. 이에 대해 4현후들은 조슈 사면을 먼저 하라고 압박했다. 삿초맹약에서 약속한 대로 사이고는 조슈번의 사면을 강경하게 밀어붙였다. 조슈의 사죄도 받지 못하고 사면할 수는 없는 일, 막부는 점점 고립되었고 사이고는 회심의 미소를 지었다.

그러나 '동조궁東照宮, 도쿠가와 이에야스이 재림한 것 같다'는 평을 듣던 장군 요시노부는 대반전을 시도했다. 1867년 10월, 도사번의 건의를 받아들여 갑자기 대정봉환을 단행한 것이다. '대정', 즉 대권을 천황에게 다 돌려주겠다는 것이다. 그리고 막부도 해체하고 자신도 장군 자리에서 내려오겠다고 했다. 12세기 말 가마쿠라 막부의 성립 이래 약 700년간 일본의 대권은 천황의 손을 떠나 막부가 거머쥐어왔다. 정치의 영역에서 천황과 조정은 멀리 떨어져 있었다. 그런데 요시노부가 이를 던져버린 것이다. 파천황이었다.

막부의 무력토벌을 계획하고 있던 사쓰마, 조슈는 당황했다. 막부를 타도할 명분이 사라졌다. 사이고와 오쿠보 도시미치는 새로 구성된 천황정부하에서 요시노부가 실권을 잡을 것을 우려했다. 겉으로는 대정봉환을 환영하는 척하면서 물밑에선 예정대로 쿠데타를 준비했다. 쿠데타에는 병력이 필요했다. 사이고는 긴박해진 교토를 뒤로하고 가고시마로 내려가 번주와 히사미쓰에게 병력을 이끌고 당장 상경할 것을 설득했다. 이윽고 사쓰마번주 시마즈 다다요시島津忠義는 3000명의 병력을 이끌고 가고시마를 출발해 11월 23일 입경했다. 왕정복고 쿠데타 약 보름 전이었다.

대정봉환의 구상은 장군이 대정을 천황에게 반환한 후 유력 번주들을 교토에 모아 천황 밑에 새로운 정부를 구성하는 것이었다. 이 과정에서 대정봉환으로 정치적 명분을 획득한 요시노부가 그 탁월한 정치력으로 새 정부의 중심이 되려고 했던 것이다. 조정은 유력 번주들에게 상경하라고 명령했다. 그러나 정국의 향배가 어디로 튈지 모르는 상황에서 이에 응한 번주는 거의 없었다. 대정봉환을 선언한 지 두 달이 다 되어가도록 신정부 구성에는 전혀 진전이 없었다. 사이고는 이렇게 정국 혼란이 계속되고 그에 따라 여론 불안이 고조되는 상황을 놓치지 않았다. 마침내 12월 9일, 사쓰마와 몇몇 번의 병력은 궁궐을 포위해서 어린 천황에게 왕정복고를 선언하게 하고 요시노부의 처벌을 주장했다. 왕정복고 쿠데타다. 조정회의는 오쿠보 도시미치가 조종하고 궁궐 포위는 사이고가 지휘했다. 조정은 왕정복고를 선언하며 다음과 같이 포고했다.

도쿠가와 장군이 지금까지 위임받았던 대정大政을 반환하고 장군직을 사퇴하겠다는 두 건을 천황께서 이번에 단호히 받아들이셨다. 원래 계축년(1853년) 이래 미증유의 국난이 있어 선제先帝, 고메이 천황께서 오랫동안 고심하신 것은 모두가 다 아는 바이다. 이에 따라 왕정복고를 하여 국위를 만회할 기반을 세우기로 작정하셔서 지금부터 섭정攝政, 관백關白, 막부幕府 등을 폐지하고 우선 임시로 총재總裁, 의정議定, 참여參與의 3직을 두어 만기萬機를 행하실 것이다. 진무神武, 초대 천황 창업의 때에 기반하여 신분이 높고 낮은 공경이나 무가武家의 구별 없이 올바른 공의公議를 마음껏 논하게 하고, 천하와 휴척休戚, 편안함과 근심을 함께하실 생각이므로 모두는 힘써 지금까지의 오만하고 타락하고 더러운 습성을 씻어내고 진충보국盡忠報國의 정성으로 봉사해야 할 것이다.(「왕정복고 대호령」)

여기서 주목할 것은 막부뿐 아니라 섭정, 관백처럼 천년간 지속되어온 조정의 최고위 관직도 폐지해버린 점이다. 이는 그동안 이들이 막부와 긴밀히 협조해왔기 때문이고, 이들을 제거함으로써 조정 자체도 혁신해버리려는 쿠데타 세력의 의도가 강하게 작용한 것이다.

한편 조정회의에서는 요시노부가 이미 대권을 천황에게 돌려드린 마당에 그를 처벌해서는 안 된다는 주장이 강하게 제기되었다. 특히 막부에 우호적이었던 도사번 전 번주 야마우치 요도는 "오늘의 이 일들은 도대체 무엇인가. 두세 명의 신하가 유충幼沖, 나이가 어림한 천자를 끼고 음모를 꾸민 게 아닌가"라고 호통을 쳤다. 당시 메이지 천황의 나이는 15세였다. 그의 말은 틀린 데가 없었고 회의는 동요했다. 이때 사쓰마와 깊은 관계를 맺고 있던 이와쿠라 도모미가 이를 제압했다. 회의가 난항을 겪자 사이고는 "단도 하나면 해결될 일"이라고 일갈했다고 한다.

차 한 잔으로 결정된 무혈입성

교토에서 성립한 메이지 정부는 막부의 마지막 근거지인 에도를 공격하기 위한 원정군을 파견했는데, 사실상 그 총지휘자는 사이고 다카모리였다. 파죽지세로 에도성 코앞에까지 진격했다. 앞에서 언급한 대로 막부 측 총사령관은 가쓰 가이슈였다. 이 둘은 1868년 3월 15일로 예정된 에도성

차 한 잔을 두고 마주한 사이고 다카모리(왼쪽)와 가쓰 가이슈(오른쪽)

총공격 직전 이틀 동안 에도 외곽에서 단둘이 만났다. 차한 잔 가운데 놓고 좁은 방에서 담판을 지었다.

그 결과 도쿠가와 요시노부의 목숨은 살려주고 도쿠가와 가문도 유지시켜주되 영지를 4분의 1로 깎고 군대도 무장 해제한다는 조건으로 타협을 보았다. 기울었다고는 하나 도쿠가와씨의 전력은 아직도 막강했고 에도에는 100만 명의 시민이 살고 있었다. 만약 전쟁이 터졌다면 마치 20세기 중국이 그랬던 것처럼 장기간의 내전이 벌어졌을 것이고, 당시 요코하마에 있던 영국, 프랑스 군이 개입했을 가능성도 있었다. 대량의 인명피해는 불문가지다. 사이고도 가쓰도 원치 않는 일이었다. 마지막 장군 요시노부는 가쓰의 타협안을 받아들이고 자기는 고향 미토번으로 돌아가 은거했다. 현명한 처신이었다.

훗날 가쓰는 이 역사적 회담을 다음과 같이 회고했다. 긴장 속에서 회담장에 먼저 도착한 가쓰가 사이고를 기다렸다. 조금 늦게 도착한 사이고는 평소와 같은 얼굴로 "이거 지각해서 정말 실례했습니다"라고 하고는 자리에 앉는데, 그 모습이 도저히 큰일을 앞둔 사람이라고는 생각되지 않았다. 그에게서 점령군의 오만함은 찾아볼 수 없었다.

"사이고는 나에 대해 막부중신의 예우를 잃지 않았다. 담판할 때에 시종 자세를 바로하고 손을 무릎 위에 얹은 채 조금도 승리한 위광으로 패장을 경멸하는 듯한 모습은 없었다"고 했다.

메이지 정부군이 에도성을 접수하고 나서 시내 치안이 문제가 되었을 때 사이고는 이를 가쓰에게 부탁했다. "대담한 사이고는 뜻밖에도, 정말 뜻밖에도 이 난국 타개를 내게 맡겨버리고는 '어떠십니까, 잘 부탁드립니다. 지금부터의 일은 가쓰 선생께서 어떻게든 해주시겠지요'라고 하고는 에도를 떠나버렸다. 이 막연한 '해주시겠지요'라는 말에 나는 말문이 막혔다. 만약 오쿠보 도시미치였다면 '이건 이렇게, 저건 저렇게 해주세요'라고 일일이 지시했을 것이다. 사이고와 오쿠보의 우열은 여기에 있다." '사이고는 막연한 사람', 사이고에 대한 가쓰의 평가다.

여담이지만 마지막 장군 요시노부는 유신삼걸(사이고 다카모리, 오쿠보 도시미치, 기도 다카요시)들과 나이가 비슷했다. 치열한 권력투쟁 끝에 굴욕적인 패배를 당했지만, 사람 일은 알 수 없는 것인지 유신삼걸은 메이지유신이 나고 약 10년 만에 다 세상을 떠나지만, 그는 1912년까지 산다. 은

거하다 삼걸이 다 죽은 후 메이지 천황을 알현하고 사면을 받은 후 화족華族, 귀족의 최고 지위인 공작의 작위를 받고 귀족원 의장까지 역임한다. 또 은거 후에는 사진에 취미를 붙여 처첩을 대동하고 전국을 돌아다니며 사진촬영과 온천 즐기기에 열중했다. 인생은 새옹지마, 역전에 역전을 거듭한다.

전설로 남은
마지막 사무라이

메이지 정부의 급진적 개혁

메이지유신정부의 중심은 당연히 사쓰마, 조슈 출신 하층 사무라이들이 장악했다. 대개는 30~40대의 젊은 인물들이었다. 이들은 급격한 서양화 정책을 추진했다. 이런 방침 앞에서 사무라이 계층의 기득권은 커다란 장애물이었다. 이런 정책을 둘러싸고 사이고 다카모리와 오쿠보 도시미치, 기도 다카요시는 입장차를 보이기 시작했다. 오쿠보와 기도는 번을 폐지하고 중앙집권 국가를 수립하고자 했다. 봉건제에서 군현제로의 전환이다. 번을 폐지한다면 자연히 각 번의 가신단은 해체될 것이고 사무라이들은 지위와 생계수단을 동시에 위협받게 된다. 사무라이들에 의해 탄생한 정권이 사무라이를 배신하려고 했다. 유럽 같은 국민국가 건설을 위해서는 불가피한 길이었다.

그러나 사이고는 급격한 정책에는 소극적이었다. 특히 사무라이 계층에는 동정적이었다. 게다가 메이지 정부 권력자들, 특히 죽마고우 오쿠보가 사치를 일삼는다고 불평을 했다. 천황 알현을 할 때 사이고가 평범한 옷차림으로 나타나자 오쿠보는 나무랐지만, 사이고는 "촌놈이 익숙하지 않은 옷을 입어봤자다. 이대로 괜찮다"고 일갈했다. 이런 검소함과 도덕성이 사람들을 더욱 매료시켰을 것이다. 그러나 정치가는 도덕성만 가지고는 안 되는 법. 당시 일본이 나아가야 할 길은 기도와 오쿠보가 더 정확히 판단하고 있었다.

기도와 오쿠보는 가고시마에 낙향해 있던 사이고를 달래서 도쿄로 데려왔다. 그의 뒤에는 강력한 가고시마 병력이 따르고 있었다. 이와 합세해서 메이지 정부는 1871년 7월에 폐번치현을 단행했다. 번을 없애고 정부가 직할하는 현을 전국에 설치한 것이다. 현재 일본의 행정체제는 이때 만들어졌다. 대세를 어찌할 수 없다고 생각했던지 사이고도 일단 이에 협조했다. 폐번치현을 단행한 1871년 말,

오쿠보 도시미치, 기도 다카요시, 이토 히로부미 등 정부의 핵심 권력자들이 이와쿠라 사절단으로 서양으로 향했다. 메이지유신 3년 만이다. 아직도 권력이 불안한 가운데 불평등조약을 개정하고 서양의 사정을 알아보겠다는 결단에서 나온 구미행이었다. 그때 도쿄에는 사이고 다카모리가 남아 정부의 책임자 중 한 명이 되었다. 그때 한 정책들을 보면 사이고 다카모리 역시 근대적 개혁에 마냥 무관심한 사람은 아니었다. 이 시기에 정부는 근대적 학제, 국립은행을 만들었고 양력과 징병령을 실현시켰다. 기독교 금지도 이때 풀렸다.

조선의 경우 양력 채용이 정말 힘들었다. 그리고 음력은 지금도 우리 사회에 남아 있다. 설과 추석은 아직 음력으로 한다. 내 조금 윗세대만 해도 생일을 음력으로 하는 경우가 많았다. 이에 비해 일본은 이때 이후로 음력은 적어도 공식적으로는 사라졌다. 추석^{秋夕}, 오봉도 양력 8월 15일에 쉰다. 양력 8월 15일이니 추석 기분이 날 리가 없다. 그러니 일본인들에게 오봉은 바캉스 떠나는 때다. 당연히 설, 즉 구정도 없다. 우리도 박정희 대통령 시절까지만 해도 설은 휴일이 아니었고 신정만 휴일이었다. 공무원들은 다 신정을 쇠어야(쇠는 척해야) 했다. 내 아버지는 공무원이었는데 한때는 정부 시책에 호응(?)하여 신정을 쇠었지만 오래가지 못했다. 구정 때 새벽같이 차례를 지내고 출근하시던 기억이 남아 있다.

정한론이 대두되다

사이고의 정치적 태도에 많은 사무라이들, 특히 가고시마 사무라이들이 불만을 터뜨렸다. 사무라이들은 서양과 조약을 체결한 막부를 타도했으니 이제 신정부가 조약을 파기하고 서양을 쫓아내리라 기대했다. 그러나 신정부는 정반대로 조약준수를 천명하고 막부보다 더 강력한 서구화 정책을 밀어붙였다. 특히 징병령이 불을 질렀다. 징병령은 조슈 출신들이 주도한 정책이다. 막말기 전투에서 다카스기 신사쿠의 기병대奇兵隊가 큰 활약을 하던 걸 체험한 오무라 마스지로와 야마가타 아리토모는 평민 군대의 우수성을 확신했다. 반면 다른 사무라이들은 우리가 있는데 왜 평민 군대가 필요하며 사무라이 체면에 평민 나부랭이들과 전우가 되라는 말이냐며 성토했다. 더구나 사이고가 그 징병령을 묵인했다는 점도 큰 불만이었다. 그들의 불만을 어떻게든 해결하지 않으면 안 되었다.

당시 메이지 정부는 조선과 외교 갈등을 벌이고 있었다. 조선에게 왕정복고를 알리면서 천황이라는 용어와 독자적인 연호를 사용하기 시작했던 것이다. 지금까지 일본 외교의 주체는 도쿠가와 장군이었으며 그 명칭은 '일본 국왕' 혹은 '일본국 대군'이었고 연호 대신 간지干支를 사용해왔었다. 외교 룰을 이렇게 맘대로 바꿨으니 조선 정부가 국서를 거부한 것도 당연한 일이다. 일본 조야에서는 조선이 일본을 무시한다며 조선을 정벌해야 한다는 정한론의 여론이 일기 시작했다. 명분이 약하다는 정부 안팎의 회의론에 대해 사이고 다카모리는 이렇게 얘기했다. "내가 혼자 조선에 가겠다. 서울에 가면 조선인들이 날 가만히 안 두고 죽일 것이다. 그것을 명분으로 전쟁을 시작해라."

그로서는 어디에선가 사무라이들 불만의 배출구를 찾아야만 했다. 그러나 외국에 있던 이와쿠라 사절단은 이 소식을 듣고 경악했다. 1873년이면 메이지 정부의 권력 기반도 충분하지 않았고 신생 일본의 국력도 조선을 쉽사리 굴복시킬 정도는 아니었다. 게다가 청나라나 서양 열강의 개입도 우려스러운 일이었다. 사절단은 급거 귀국해서 사이고를 뜯어말리고 정한론을 중지시켰다. 그때 만약에 한반도에서 전쟁을 했다면 메이지 정부는 아마 붕괴했을 것이라고 말하는 역사학자들이 많다. 사이고의 꿈은 약 20년 후 청일전쟁에서 실현되지만 그때 그는 이미 이 세상 사람이 아니었다.

정한론에서 패배한 사이고는 모든 관직을 사퇴하고 수하 병력을 이끌고 가고시마로 철수했다. 많은 사무라이가 그의 주위로 몰려들었고 그는 미동도 않은 채 정국을 정관靜觀하고 있었다. 도쿄 정부는 불안했다. 사이고 다카모리라고 하는 전국적인 명망이 있는, 더군다나 사무라이들에게는 뜨거운 존경과 우상의 대상인 사람이 정부를 버리고 자기 고향에 웅크리고 있었으니까. 정한론에서 사이고 편에 섰던 인사들도 대거 정부를 떠났다. 어떤 이들은 사이고와는 달리 무력투쟁 노선을 택하지 않고 의회설립 운동을 추진했다. 정부 바깥에 권력의 중심을 만들어 삿초 중심의 정부를 타도하기 위한 것이다. 이는 곧 자유민권운동의 시작이다. 이처럼 정한론 이후 메이지 정부는 한편에서는 사이고의 무력투쟁을, 다른 한편에서는 자유민권운동의 압력을 양쪽에서 버텨내야 했다.

사이고, 봉기하다

그 후 사쓰마는 거의 반독립국처럼 따로 유지되었다. 정부가 파견한 현령도 그 밑의 관리들도 모두 사이고의 수하였다. 실질적인 행정과 군사력은 사이고의 손에 있었다. 사이고는 독자적인 군대를 만들어 묘하게도 이름을 사학교私學校라고 지었다. 가고시마뿐 아니라 각 지방에도 분교를 만들어 향사들을 조직했다. 이 자금은 가고시마 현청의 정부 돈에서 나왔다. 징병령, 사무라이 봉록 개정, 지조 개정 등 메이지 정부의 굵직한 개혁정책들은 이곳에서는 시행되지 않았다. 가히 '사이고 왕국'이었다. 전국의 사무라이들은 '드디어 때가 왔다, 사이고가 곧 봉기할 테니, 그때 호응해서 사무라이 정권을 만들고 서양 놈들을 다 쫓아내고 서양화 개혁도 다 뒤집어버리자'고 숨죽이며 사이고의 움직임을 주시하고 있었다.

사이고도 고민이 많았다. 그는 많은 사무라이가 생각한 것처럼 단순한 복고주의자가 아니었다. 전체적인 방향은 메이지 정부가 맞는데 이에 사무라이들이 동의를 안 하니 사무라이들을 설득하면서 나아가야 한다는 입장이었다. 그런데 메이지 정부도 사무라이도 설득이 안 되니 그 모순을 정한론으로 폭발시키려 했는데 그것도 실패했다. 그 때문에 가고시마로 돌아는 왔지만 뾰족한 수가 없었다. 한동안 온천하고, 애견을 데리고 수렵하면서 조용히 지냈다. 정부 스파이들이 사이고가 아무 짓도 안 하고 맨날 온천만 하고 개와 놀고 수렵이나 한다고 보고하니 정부 측은 그의 진의를 파악하는 데 더욱 부심했다.

사이고의 고민은 거병의 명분이 없다는 것이었다. 강경파인 기리노 도시아키桐野利秋 등이 결단을 재촉했으나 사이고는 묵묵부답이었다. 그러다 1877년 초, 정부가 가고시마에 있던 탄약고를 반출하려 하자 사쓰마의 사무라이들은 이를 막아서고 탄약을 탈취했다. 정부 소유의 탄약고 처리는 당연히 정부 마음대로인데 이를 탈취했으니 그들에게 다른 뜻이 있다는 것이 백일하에 드러났다. 가고시마를 떠나 요양하고 있던 사이고도 이 소식을 듣고는 "망쳐버렸군"이라고 내뱉었다고 한다.

1877년 2월, 사이고는 결국 봉기했다. 서남전쟁의 발발이다. 사쓰마가 규슈 남단 즉 일본열도의 서남쪽에 위치해 있었기 때문에 붙인 이름이다. 정부가 사이고와 히사미쓰를 암살하려는 자객을 보냈다는 게 구실이었다. 명분을 바라던 사이고로서는 궁여지책이었겠지만 거병의 명분으로는 너무나 치졸했다. 그러나 사이고 군대는 승리를 자신했다. 그들은 사이고가 한번 일어나면 규슈뿐 아니라 전국의 사무라이들이 이에 호응하여 거병하리라 생각했다. 이미 만반의 준비를 갖추고 사이고 군대를 기다리는 구마모토의 정부군에 보낼 전통문에 사이고는 "이번에 정부에 심문할 것이 있어 모레 17일 가고시마현을 떠날 것임. 육군 소장 기리 도시아키, 시노하라 구니모토 및 옛 병사들이 수행하여 그곳을 통과하겠음"이라고 했다. 주요 지휘관인 시노하라는 전략을 묻는 자에게 "무슨 전략이 있겠는가. 그저 일축하고 지나갈 뿐"이라고 했다 한다. 무모한 반란군이었다.

전투는 규슈 일대에서 벌어졌다. 사쓰마를 중심으로 한 반反정부군과 메이지 정부가 파견한 정부군 사이에 일대 격전이 반년간 벌어졌다. 사이고가 이끄는 2만 명에 달하는 병력은 규슈의 요충지 구마모토성으로 진격했다. 죽마고우 오쿠보 도시미치는 즉각 정부군을 파견했다. 같은 동네에서 나고 자라고 유신 과정에서 생사고락을 같이했던 두 사람에게는 예상치 못한 운명이었다. 구마모토성 전투는 치

〈르몽드 일류스트레〉에 실린 사이고 다카모리의 삽화

열했다. 사이고 군대는 사무라이 군대였고 정부군은 징병
령으로 징집한 주로 평민으로 편성된 군대였다. 사무라이
들은 평민 병사들을 얕잡아보았지만 전투는 허세가 아니
라 신식무기가 결정지었다. 평생 익혀왔던 사무라이들의
화려한 전투기술은 잘 훈련된 농민 무지렁이들의 화기 앞
에 무력했다.

위의 그림은 당시 프랑스 〈르몽드 일류스트레Le Monde
illustré〉지가 서남전쟁을 보도하면서 낸 삽화다. 키 180센티
미터로 크고 뚱뚱했던 사이고의 체구를 잘못 그리긴 했지
만 숙연했던 분위기는 전달되는 그림이다. 구마모토성은

천하의 요새로 난공불락으로 유명한 성이었다. 임진왜란 때 조선에 쳐들어왔던 가등청정, 즉 가토 기요마사加藤淸正가 만든 것이다. 그는 유명한 무장임과 동시에 성곽을 잘 쌓은 사람으로도 유명하다. 구마모토성은 우리나라에도 크게 보도됐던 지난 2019년 지진도 견뎌낸 매우 견고한 성이다. 결국 사이고 군대는 구마모토성 탈취에 실패하여 혼슈에 발을 디뎌보지도 못하고 퇴각하는 신세가 되었다.

"최고이자 최후의 사무라이가 세상을 등지다"

1877년 9월 1일, 사이고군은 6개월여 만에 가고시마로 돌아와 반전을 꾀했으나 뒤따라온 정부군에 쫓겨 근처 시로야마城山라는 산으로 들어갔다. 남은 병력은 겨우 400명, 사이고와 지휘관은 동굴에 들어가 생활했다. 사이고가 마지막을 보낸 이 동굴은 지금도 보존되어 관광명소가 되어 있다. 관군은 포위망을 점점 좁히다 9월 24일에 총공세를 개시했다. 최후가 임박했다. 전투 도중 사이고는 배와 허벅지에 유탄을 맞았다. 사이고는 옆에 있던 부하 벳부 신스케別府晉介에게 마지막을 부탁했다. 벳부는 눈물을 흘리며 사이고의 목을 쳐주었다. 향년 49세였다. 사상가 우치무라 간조는 "최고의 그리고 최후의 사무라이가 세상을 떴다"고 말했다.

위대한 사람이 죽으면 민중들은 그의 죽음을 인정하고 싶어 하지 않는다. 미나모토노 요시쓰네(1159~1189년)도 오시오 헤이하치로(1793~1837년)도 생존설이 파다했다. 사이고도 마찬가지다. 사람들 사이에서는 사이고가 죽지 않고 오키나와를 통해서 중국으로 피신했다는 소문이 돌았다. 1891년 일본을 방문한 러시아 황태자 니콜라이가 가고시마를 찾았을 때 사람들은 사이고가 동행하고 있다고 믿었을 정도다. 또 다른 소문은 오키나와를 거쳐 대만으로 건너간 사이고가 그곳에서 애를 낳았고 그 후손이 지금도 살아 있다는 것이다. 물론 소문일 뿐이다.

전쟁에서 패하고 사이고는 '일단' 역적이 되었다. 반란을 일으켰으니 당연한 일이었다. 그러나 마음속에서부터 실제로 그렇게 생각하는 사람은 많지 않았다. 유신 후 줄곧 사이고의 보좌를 받았던 메이지 천황은 그의 충성심을 의심하지 않았다. 천황은 사이고가 죽었다는 소식을 듣자 "그를 죽이라고는 하지 않았다"고 중얼거렸다 한다. 그를 격퇴시킨 오쿠보 도시미치도 친구 사이고에 대한 그리움을 간직하고 있었다. 이 장의 첫 부분에서 말한 대로 1889년 대일본제국헌법이 반포될 때 천황은 그를 사면하고 정3위를 추증했다. 이어 우에노 공원에 그의 동상이 설립되면서 대중적 인기도 회복하기 시작했다.

'가고시마에서 사이고와 흑돼지 욕을 하면 나마무기의 영국인처럼 된다'는 말이 있다. 1862년 나마무기에서 사쓰마 대명 행렬을 방해한 영국인들이 무참히 살해당한 적이 있으니, 저 말이 무슨 뜻인지 알 것이다. 그는 오쿠보보다 일본인들의 사랑을 훨씬 더 많이 받고 있다. 가고시마에 가면 사이고의 동상은 여기저기 크게 있으나 오쿠보 동상은 자그마한 게 있을 뿐이다. 2018년 메이지유신 150주년을 맞이해서 일본 NHK 대하드라마는 사이고 다카모리를 다시 주인공으로 했다. 지금껏 오쿠보가 주인공이었던 적은 없다. 원래 일을 많이 한 사람은 인기가 없다. 그보다는 적당한 때에 멋지게 산화해가는 게 명예와 인기를 위해서는 더 나은 일인지도 모른다.

Q 묻고

답하기 A

사이고 다카모리에게 정한론은 어떤 의
미였나?

메이지유신은 존왕양이를 부르짖던 사무라이들이
주도했다. 천황을 숭상하고 서양 오랑캐를 쫓아내
자는 것이다. 그러나 메이지 정부는 집권 이후 곧
바로 서구 열강과의 화친을 선언했다. 막부가 맺
은 조약도 그대로 계승했다. 존왕은 실천했으나
양이의 약속은 배신한 것이다. 이에 대해 사무라
이들의 분노는 들끓었다. 사무라이들은 서양과 전
쟁을 하기는커녕 날로 서양화되어가는 일본의 현

실에 반란을 일으킬 조짐마저 보였다. 그들이 숭배하는 사람은 사이고 다카모리였다. 서양과 결탁한 정부 지도자들과 달리 사이고는 일본 혼을 실현해줄 인물로 여겨졌다.

때마침 조선과 국교를 둘러싼 분쟁이 발생했다. 조선 정부는 기존의 양국 외교틀을 일방적으로 바꾸려고 하는 메이지 정부의 요청을 계속 거부했다. 서양과 전쟁을 벌여서는 일본의 멸망을 피할 수 없다고 생각한 사이고는 사무라이들의 전쟁욕을 상대적으로 만만한 조선으로 향하게 하려 했다. 1873년 일본 정계를 양분했던 정한론 분쟁이 그것이다. 사이고는 스스로 서울로 들어가 분노한 조선인들이 자신을 살해하면 전쟁명분을 잡을 수 있을 거라는 '자폭외교'를 생각했다. 국제적으로 명분을 쌓고 사무라이들의 사기를 단숨에 고취시킬 수 있는 방법이었다. 이대로 된다면 자신은 죽더라도 영원히 사무라이들의 영웅으로 남을 수 있을 것이었다.

당시 막 신정부를 출범시킨 일본의 국력과 상

황으로 볼 때 정한론은 매우 모험적인 것이었다. 게다가 뚜렷한 이유도 없었다. 서구 열강이 조선을 차지할 낌새도 없었고 하물며 조선이 일본에 국방상 위협을 가하는 것도 아니었다. 아직 산업혁명도 일어나지 않은 농업국가 일본 입장에서 조선 시장이 필요했던 것도 아니었다. 그저 신정부 탄생을 둘러싸고 양국 간 외교마찰이 있는 정도였다. 이런 상태에서 갑자기 전쟁 얘기가 나온 것은 여러모로 의아한 일이다.

일개 지사였던 요시다 쇼인의 정한론이 당시에는 일부 사람들 사이에서만 공유되었던 데 비해, 신정부 핵심인사였던 사이고의 정한론은 당연히 전국적으로 알려졌고 일본인들 뇌리에 깊숙이 박혔다. 이 무모한 도발구상은 오쿠보 도시미치 등에 의해 저지되었지만, 그의 좌절된 정한론은 더욱 미화되어 후대에 계승되었다. 1910년의 한국병합은 국방상의 위기감이 그 중요한 명분이었다. 그러나 아마도 사이고의 정한론에 대한 강렬한 기억이 그 과정에서 큰 역할을 한 것은 부정할 수 없을 것이다.

마지막 장군 도쿠가와 요시노부는 왜 순
순히 권력을 내주었는가?

도쿠가와 막부의 제15대이자 마지막 장군으로
즉위한 도쿠가와 요시노부는 2년이 채 못 되는 재
임기간 중 사쓰마, 조슈번과 사활을 건 정치투쟁을
벌였다. 그 무대는 주로 교토였다. 나이는 서른 정
도밖에 안 되었지만 이 젊은 장군은 영명하기로
천하에 이름이 나 있었다. 그가 오랫동안 장군 후
보에 오르고 마침내 그 자리에 오른 것도 바로 그
'영명함' 때문이었다. 그러나 그는 1867년 말 스
스로 대정봉환을 단행하여 장군직에서 내려오고
정권을 천황에게 반환했다. 이어서 반막부 세력
의 궁정 쿠데타가 발발하자 조용히 오사카로 물
러나더니 곧바로 에도로 돌아가 쿠데타를 승인하
는 태도를 취했다.
　사실 요시노부는 쿠데타 발발 2~3일 전에 이
를 알고 있었다. 당시 교토에서는 아이즈번 병력
이 막부 측 주력부대였으나, 요시노부는 쿠데타

정보를 아이즈번에 알리지 않았다. 수수방관한 것이다. 쿠데타 후 사쓰마, 조슈에 분개한 막부 병사들이 전투를 시작했지만 정작 총사령관인 장군은 단 한 번도 전투를 지휘하지 않았다. 왜 그랬을까.

먼저 들 수 있는 것은, 그는 철저한 존왕주의자였다는 점이다. 그는 존왕양이 사상의 메카인 미토번 출신이고 그의 아버지는 존왕양이론의 선구자였던 도쿠가와 나리아키다. 아마도 어려서부터 존왕의식이 뼛속까지 배어 있었을 것이고 그 점에서는 사이고나 오쿠보보다 더하면 더했지 못하지 않았을 것이다. 그런데 고메이 천황이 죽은 후 교토 조정은 사쓰마번과 친한 공경들이 어린 메이지 천황을 장악하고 있었다. 만약 궁정 쿠데타를 막기 위해 아이즈번 병력을 동원한다면 사쓰마 측 병력과 충돌하여 '금문의 변' 때와 같은 상황이 재연될 것이고, 그렇게 된다면 이번에는 막부와 자신이 조적이 될 것이었다. 다른 무엇보다도 조적이 되는 것을 그는 참을 수 없었을 것이다.

또 쿠데타군 토벌을 선언하면 전국에 걸친 내전이 벌어질 게 뻔했다. 그럴 경우 각 개항지에 있던 서양 열강 세력이 군사적으로 이에 개입할 가능성이 높았다. 태평천국의 난과 애로호 사건으로 영국, 프랑스 연합군 등이 중국에 들어오고 베이징까지 함락된 것이 바로 몇 년 전이었다. 무엇보다 내전만은 피해야 했다. 그의 무저항 퇴각에 대해 도쿠가와 막부의 유신遺臣들은 두고두고 배신자라고 비난했지만, 메이지 천황은 그의 결단을 높게 평가해 훗날 그에게 공작 작위를 수여했다.

5부 _____

근대 일본의 철혈재상,

오쿠보 도시미치

오쿠보 도시미치는 억울하다. 천신만고 끝에 근대 일본의 초석을 놓은 건 그였지만, 살아생전에는 '사무라이의 배신자'로, 죽어서는 '냉혈한 독재자'로 비난받았기 때문이다. 역사드라마나 역사소설에서도 그는 거의 주인공이 돼본 적이 없다. 일을 많이 한 정치가는 인정은 받을지언정 사랑받지는 못하는 것인가. 이 책에서는 '로망'은 없었지만 근대 일본의 허드렛일을 마다하지 않은 그의 역사적 위치를 정당하게 조명했다.

냉혹한 혁명가가 되다

정충조를 기반으로 다진 정치적 입지

오쿠보 도시미치는 1830년 사쓰마번 가고시마 시모가미야초에서 하급 무사의 장남으로 태어났다. 2년 전 사이고가 태어났던 그 동네다. 유신삼걸 중 한 명으로 사이고 같은 로망은 없는, '피도 눈물도 없는 철혈재상'이었지만, 근대 일본의 인프라는 거의 그의 손에 이뤄졌다. '근대 일본의 아버지'라고 할 수 있다. 무릇 피눈물 나게 일하는 아버지에게 로망을 기대하기는 힘든 법이다.

역시 이름이 어렵다. 나도 학생 때는 그냥 대구보리통大久保利通이라고 외웠다. '대구보'까지가 성이고, '리통'이 이름이다. 구보 앞에 작을 소자를 붙여 고쿠보小久保라는 성도 있고, 클 대자를 붙이면 오쿠보大久保, 정확한 발음은 오오쿠보이지만 표기법상 오쿠보라는 성이 된다.

막말기 행적은 사이고와 대체로 겹치므로 그에 대해서는 간략히 서술하고 주로 메이지 정부 수립 후의 활동에 대해 설명하고자 한다. 사이고가 명군 시마즈 나리아키라에게 발탁되어 1850년대 말부터 중앙정계에서 활약한 데 비해 오쿠보는 번 내 사무라이들을 조직하는 데 힘을 기울였다. 그가 만든 약 50명 정도의 사무라이 모임이 정충조精忠組다. 우리 양반사회에서도 당을 만드는 것은 비난받을 행동이었지만, 군인들인 사무라이 사회에서는 더더욱 금기사항이었다. 1980년대 인구에 회자되었던 하나회를 생각해보면 금방 이해할 수 있을 것이다.

그런데 앞에서 얘기한 대로 유학을 비롯한 학습활동이 활발해지고, 이런 모임을 중심으로 공식적인 명령계통 바깥의 네트워크가 만들어지기 시작한다. 거기서는 신분보다는 개인적 능력이 지위를 결정한다. 이런 네트워크가 광범하게 형성되지 않았더라면 이 시기에 하급 사무라이 출신의 리더들이 정치적으로 대두되는 일은 없었을 것이다. 뭔가 발판이 될 만한 조직이 있으니까 거기서 능력을 발휘

오쿠보 도시미치(1830~1878년)의 초상

하고, 기존의 위계질서를 흔드는 행동이 가능했던 것이다.

1858년 막부의 장군 후계자를 둘러싼 분쟁에서 사쓰마가 패하자 정충조는 봉기를 계획했다. 막부 대로 이이 나오스케가 반대파를 격렬하게 탄압하자(안세이 대옥) 미토번을 비롯하여 곳곳에서 반발 조짐이 확산되고 있었다. 오쿠보는 이런 분위기에 호응하여 교토로 진출하고 이이를 암살하려고 획책했던 것이다. 이를 '돌출突出' 계획이라고 했다. 세키가하라 전투(1600년) 이후 250여 년간 막부에 순종했던 사쓰마번으로서는 감당하기 힘든 일이었다. 번주는 낌새를 눈치 채고 이들을 만류하기 위해 친필서한을 보냈다.

정충사들에게

지금은 세상이 모두 동요하고 있고 심상치 않은 때다. 만일 사태가 벌어질 때에는 시마즈 나리아키라 전 번주님의 뜻을 관철하기 위해 번을 들어 조정을 지키고 충성을 다할 생각이다. 그대들 유지有志의 자들은 깊이 명심하여, 번의 기둥으로서 불초한 나를 돕고 번의 이름을 더럽히지 않도록 충성을 다해줄 것을 오직 부탁하노라.(『실역사전實歷史傳』)

번주가 하급 사무라이의 특정 집단에게 직접 편지를 보내는 일은 흔한 일이 아니었다. 그 내용도 그들의 행위를 나무라기보다는 나도 너희들의 뜻에 동조하나 아직 시기상조이므로 잠시 자제하고 때가 되면 내가 앞장 설 테니 그때 충성을 다하라는 것이었다. 게다가 '정충사精忠士들에게'라고 적어 마치 이 조직을 인정하는 듯한 인상까지 주었다. 이 서한을 받아본 이들이 얼마나 감격했을지 짐작할 수 있다.

번주에게 충성심을 인정받은 이들은 번주의 뜻에 따라 돌출 계획을 접었다. 이런 소동이 한창 벌어지고 있을 때 사이고는 자살 실패 후 오시마에 잠적해 있었고, 이 사태를 주도한 것은 오쿠보였다. 이제 사이고와 오쿠보 두 사람의 이름은 사쓰마번 사무라이들 사이에서 확고한 위치를 차지하게 되었다. 사쓰마는 돌출을 중지했지만 저 멀리 동쪽 미토번의 사무라이들은 일을 일으키고 말았다. 1860년 3월 3일 눈 내리는 아침에 에도성으로 출근하던 대로 이이 나오스케를 길가에서 습격해 무참히 죽여버린 것이다.

파격적 승진을 거듭하다

돌출 계획을 단념한 이후 오쿠보는 점차 하급 사무라이들의 봉기보다는 사쓰마라는 거대한 번 권력을 변혁에 이용하는 노선으로 다가갔다. 철저한 현실주의자다운 전환이었다. 그를 위해서는 새로운 권력자이자 현 번주의 아버지인 시마즈 히사미쓰島津久光, 전 번주 나리아키라의 이복동생에게 신임을 얻어야 했다. 그는 히사미쓰가 바둑을 좋아한다는 걸 알고 바둑으로 그에게 접근했다고 한다. 신분서열이 엄격한 사무라이 사회에서 하급 사무라이가 번주의 아버지를 만나는 것은 어려웠기 때문에 뭔가 구실이 필요했을 것이다. 사이고가 흠모하던 주군 나리아키라와 비교하며 끝내 히사미쓰에게 존경의 자세를 표하지 않았던 것과 대조적이다. 한편 사이고가 없는 상태에서 사무라이들을 장악하고 중앙정계에서 활동하기 위해서는 히사미쓰에게도 오쿠보가 필요했다.

1862년(대원군 집권 1년 전) 존왕양이 운동의 물결이 점점 높아지고 있는 가운데 히사미쓰는 솔병상경率兵上京을 결정했다. 친히 군대를 이끌고 교토로 가 조정과 천황을 지키겠다는 것이다. 이를 위해 내키지는 않았지만 오쿠보의 건의를 받아들여 중앙정계에 경험과 인맥이 풍부한 사이고를 불러올렸다. 그러나 4부에서 서술한 대로 선발대로 파견된 사이고는 시모노세키에서 대기하라는 히사미쓰의 명령을 어기고 오사카로 가버렸다.

이 사태에 가장 당황한 것은 오쿠보였다. 그는 격노한 히사미쓰를 달래려고 했으나 그 정도로 가라앉을 상황이 아니었다. 히사미쓰는 사이고를 거칠게 다룰 것 같았고 만약 포승줄에 묶인다든가 하는 모욕을 당한다면 사이고는 아마도 할복을 감행할 것이었다. 그는 사이고를 만나러 갔다. 오쿠보는 "히사미쓰의 분노를 가라앉히는 것은 불가능하고 나도 내쳐질 것이오. 오랫동안 고심해 추진했던 대계도 수포로 돌아가겠지요. 그대는 그냥 간리의 포박을 받지 않고 할복하겠지요. 나는 이런 사태를 막을 힘이 없소. 이제 나도 살 이유가 없어졌으니 서로 칼로 찔러 같이 죽읍시다"라고 했다. 이에 오히려 사이고가 우리 둘 다 죽으면 대계를 누가 실현하겠느냐며 자기는 모욕을 당해도 살아남을 테니 걱정 말라고 진정시켰다.

이 일로 사이고는 다시 머나먼 남쪽 섬으로 유배를 떠나고 교토, 에도 등 중앙정계에서의 정치공작은 오쿠보가 거의 도맡았다. 오쿠보는 교토에서는 상하급 공경들을 만나 막부의 지지부진과 존양파의 과격화를 비판하며 조정의 명령으로 히사미쓰를 에도에 파견하여 막부개혁을 촉구하도록 공작했다. 에도에 가서는 정사총재직, 노중 등 막부 최고위 권력자들을 만나 히사미쓰가 내놓은 막부 개혁안을 수용하도록 설득했다. 1860년대 초는 존양파의 기세가 등등해진 때이기도 했지만 동시에 그들을 견제하는 사쓰마가 전국적으로 부상하던 때였고, 사쓰마의 권력자 히사미쓰를 중앙정계에서 대표하는 것이 오쿠보였다.

1862년에서 이듬해에 걸친 1년간 오쿠보는 머나먼 변방 가고시마에서 교토에 세 번, 에도에 두 번 올라왔다. 그의 명성은 점점 사이고에 필적하게 되었다. 34세의 오쿠보는 낮은 신분에도 불구하고 파격적인 승진을 거듭했다. 너무나도 파격적인 인사에 번 내에서는 무서워하는 자가 늘어나고 큰 물의가 빚어졌다. 그러나 그의 정치적 부상을 막을 사람은 아무도 없었다.

오쿠보의 왕정복고 쿠데타 공작

1865년 9월, 막부는 금문의 변을 일으켰던 조슈가 반성의 기미가 없다는 구실을 내세워 다시 조슈 토벌전에 나서려고 했다. '제2차 조슈 정벌전'이다. 1차 때와는 달리 이미 천하의 여론은 막부에 냉담했다. 오쿠보는 사이고에게 "천하 만민이 지당하다고 생각해야 칙명이라고 할 수 있는 것이니 불의한 칙명은 칙명이 아니오"라며 조슈 토벌을 칙허한 조정도 "이걸로 끝"이라고 내뱉었다. 천황을 신성시하던 20세기 전반의 일본이라면 발설할 수 없는 말이다. 천하 만민이 지당하다고 생각하는 정치의견은 입장에 따라서 너무나 가변적인 것이며, 어떤 칙명이 의義에 맞느냐 맞지 않느냐 하는 것도 지극히 자의적일 수 있다.

요컨대 이는 '내 마음에 들지 않는 칙명은 칙명으로 인정할 수 없다'고 고백한 것이나 다름이 없다. 존왕사상이 널리 퍼졌지만 아직 천황 자체를 신성시하거나 절대화하는 데까지는 이르지 않은 것을 알 수 있다. '지사'라고 불렸던 많은 활동가들은 천황을 '다마タマ'라는 은어로 부르며 다마를 어떻게 조종하고 이용할 것인가 하는 정치공작적 관점에서 천황을 대하고 있었던 것도 쉽게 확인된다. 역사가들이 오쿠보를 비롯한 막말기 '지사'들을 '마키아벨리스트'라고 부르는 이유다.

료마의 주선으로 삿초맹약을 이룬 오쿠보는 그때부터 줄곧 교토를 떠나지 않고 조정과 각 번을 상대로 맹렬한 정치활동을 벌여나갔다. 1867년 6월 22일에는 도사번과 맹약을 맺는 데 성공했다. 도사 측에서는 고토 쇼지로, 후쿠오카 고테이, 데라무라 사젠, 사카모토 료마, 나카오카 신타로가, 사쓰마 측에서는 고마쓰 다테와키, 사이고 다카모리, 그리고 오쿠보 도시미치가 주역이었다. 이 삿도맹약薩土盟約은 쿠데타가 아닌 평화적 방법으로 막부의 정권을 천황이 회수하고 전국 정치세력을 모아 의정원을 설립한다는 구상이었다. 그 후 도사번이 이 노선에 따라 장군 요시노부를 설득해 그해 10월 14일에 결국 대정봉환을 성사시킨 과정은 앞에서 본 대로다.

사쓰마는 이 노선보다는 무장 쿠데타를 선호했으나 도사번의 요청으로 일단 이에 동의했다. 그러나 물밑에서는 여전히 쿠데타 계획을 진행시켰다. 오쿠보는 9월 15일 조슈번으로 잠입해 번주 부자를 만나 향후 쿠데타에서 행동을 같이할 것을 재차 확인했고, 10월 6일에는 이와쿠라 도모미로부터 왕정복고 성명서와 신정부 조직 초안, 그리고 금기錦旗의 도안을 받았다. 쿠데타 때 사용할 천황의 깃발이었다.

도사번과 사쓰마번이 각각 추진한 노선은 묘하게도 같은 10월 14일 운명의 날을 맞았다. 이날 장군 요시노부는 도사번의 제안을 받아들여 대정봉환을 선언했다. 그런데 같은 날 오쿠보는 조정의 자파 공경들로부터 '토막의 밀칙'을 받아냈다. 막부를 토벌하라는 것이다. 그러나 역사가들의 검토에 따르면 이 '밀칙'에는 천황도 조정의 정식결정기구도 간여하지 않았다. '밀칙'이라기보다는 '위칙'인 것이다. 그러나 이미 '불의의 칙명은 칙명이 아니다'라고 생각하고 있는 오쿠보에겐 그게 중요한 것이 아니었다. 대의에 합당한 칙명은 절차에 하자가 있더라도 칙명이라고 아마 그는 생각했을 것이다. 그는 '밀칙'을 안고 사쓰마로 달려가 사쓰마 번주 부자의 거병상경 약속을 받아냈다.

다시 교토로 돌아온 오쿠보는 11월 말부터 쿠데타 계획을 요로에 알리기 시작했다. 조정의 자파 공경들과 이어 도사번에 알렸다. 대정봉환을 선언한 지 한 달이 넘었지만 새로운 정권 구성에 아무런 진전을 보지 못하고 있던 도사번의 고토 쇼지로는 이에 동의할 수밖에 없었다. 반대했다가는 신정권에서 도사번 세력이 위험해질 판이었다. 놀랍게도 쿠데타 계획은 이제는 '전 장군'이 된 요시노부에게도 알려졌다. 더 놀라운 것은 요시노부가 이에 아무런 대응도 하지 않았다는 것이다. 당시 쿠데타에 대항할 수 있는 것은 교토수호직을 맡고 있던 아이즈번의 병력뿐이었다. 그러나 요시노부는 아이즈번에 쿠데타 계획을 알리지 않았다.

신정부의 핵심인물이 되다

그해 말 12월 9일(양력 1868년 1월 3일) 왕정복고 쿠데타가 발발했다. 오쿠보는 그 주역이었다. 사이고가 무력 동원의 수훈갑이라면 그는 정치공작 면에서 일등공신이었다. 아무리 이름이 알려져 있다지만 일개 하급 사무라이가 조정 공작을 하는 데에는 한계가 있었다. 조정이라는 공간은 철저히 신분과 관위에 구애되는 곳으로, 들어갈 수 있는 공간이나 참석할 수 있는 회의가 매우 제한되어 있었다. 오쿠보의 정치공작을 조정 내에서 호응해준 사람이 이와쿠라 도모미였다. 훗날 이와쿠라 사절단의 그 이와쿠라다. 이 둘의 연대는 막말기뿐 아니라 유신 이후에도 굳건히 지속돼 안정된 정치 리더십을 구축하는 데 큰 힘이 되었다.

왕정복고 쿠데타가 발발한 날 궁궐의 소어소_{小御所}에서는 어린 천황을 앞에 두고 대격론이 벌어졌다. 이미 장군 도쿠가와 요시노부가 대정봉환을 선언하고 권력을 천황에게 돌려준 마당에 벌어진 쿠데타라 아무래도 반발하는 세력이 많았다. 이 회의에도 신분이 낮은 오쿠보는 참석할 수 없었다. 오쿠보는 옆방에 대기하고서는 휴회시간에 이와쿠라에게 회의 방향을 조언, 아니 사실상 지시했다. 당시 대규모 내전 발발과 그에 편승한 서양 열강의 개입을 우려해 쌍방 모두 무력충돌만은 피하려 했기 때문에 회의에서 모든 것을 결정해야 하는 상황이었다.

회의는 지력, 담력, 그리고 순간적으로 회의를 장악하는 전광석화 같은 말솜씨에 의해 결정되는 경우가 많다. 회의에서는 순간의 판단과 순간의 제압이 중요한데 오쿠보는 그걸 유독 잘한 사람이다. 그런데 회의장에는 들어가지 못하고 밖에서 훈수만 두고 있으니 아마도 퍽 답답하고 초조했을 것이다. 그러나 어쨌든 이와쿠라가 오쿠보를 대신해 분발하여 '왕정복고 대호령'을 공포하고 신정부를 세우는 데 성공했다. 신정부는 천황 밑에 총재, 의정, 참여직이 설치되어 앞의 두 자리에는 황족과 공경, 대명들이, 그리고 참여에는 각 번의 지도자급 사무라이들이 임명되었다. 사이고와 오쿠보도 이에 취임했다. 변방 가고시마의 두 하급 사무라이는 어느덧 신정부의 핵심인물이 되었다.

일본에는 '혁명'이 없다

쿠데타 세력은 '유신'을 표방했다. 유신維新은 『서경』에서 유래한 말로 세상을 일신一新한다는 의미다. 주나라가 은나라를 타도하고 새로운 나라를 세웠을 때 이를 '유신'이라고 칭했다. 우리에게는 박정희의 '10월 유신'으로 익숙한 말이다. 메이지유신 당시에는 '일신'과 '유신'이라는 말이 경쟁하다 유신으로 정착되었다. 700년간 계속된 사무라이 지배를 무너뜨리고 신분제를 혁파하고 서양화를 추구했으니 혁명이라고도 할 만한데, 일본인들은 지금까지도 '일본 혁명' 혹은 '메이지 혁명'이라 하지 않고 유신이라고만 한다. 왜 그럴까?

혁명은 원래 '역성혁명易姓革命'의 준말로 왕조를 교체한다는 뜻이다. 군주가 덕이 부족하여 세상을 제대로 다스리지 못할 때에는 천명天命이 그 왕조를 떠나 다른 가문으로 옮긴다는 천명사상이다. 임금의 성을 바꾸는 변혁, 즉 신라 김씨에서 고려 왕씨로, 고려 왕씨에서 조선 이씨로 천명이 옮겨가는 것이다. 무시무시한 사상이다. 이게 혁명이다.

그런데 일본은 어떤가. 역사적으로 확인할 수 있는 6세기 이후로는 한 번도 왕조가 바뀐 적이 없다. 법흥왕이나 진흥왕이 신라 임금이었던 시절에 일본에서 왕 노릇하던 그 집안이 지금도 왕이다. 세계사에서 드문 일이다. 일본 사람들은 그걸 굉장히 자랑스러워하는데, 자랑할 일은 아닌 듯하다. 메이지유신 역시 막부는 쓰러뜨렸지만 무너진 것은 도쿠가와씨지 천황 가문은 아니다. 무너지기는커녕 유신으로 천황에게 대권이 다시 돌아왔다. 이러니 혁명이란 말을 쓸 수가 없다(흥미롭게도 일본인 학자 중에도 영어로는 'Meiji Revolution'이라고 하는 사람들이 많다). 참고로 메이지明治는 『역경』, 즉 『주역』에서 따온 말이다. 이처럼 일본인들은 선민의식, 일본주의, 천황주의를 강조하면서도 정작 연호는 모두 중국 고전에서 가져온다. 쇼와昭和는 『서경』, 헤이세이平成는 『사기』에서 취한 말이다. 2019년 즉위한 천황의 연호 레이와令和는 처음으로 일본 고전인 『만요슈萬葉集』에서 따왔다고 해서 화제가 된 바 있다.

여담이지만 천황에겐 성이 없다. 히로히토, 아키히토, 그리고 지금 천황은 나루히토로 이름만 있다. 그러니 사실 역성易姓할래야 할 수도 없다. 우리는 김수로왕, 고주몽 등 아무리 왕이라도 성이 있다. 물론 천황 빼놓고 나머지 백성에게는 모두 성이 있다. 이 성들은 다 천황이 하사한 것이

(라고 간주된)다. 사성賜姓이다. 그러니까 천황과 나머지 일본인은 차원이 다른 존재다. 조선의 왕이나 고려의 왕이라는 것은 왕이긴 하지만 크게 보면 수많은 성을 가진 사람들(백성百姓) 중의 최고 우두머리에 불과하다. 사대부의 예를 왕도 따라야 한다. 그러나 일본의 천황은 구름 위의 존재다. 인간이되 인간이 아닌 존재다. 그러니 일본제국 시대에 '현인신現人神'이라고 해서 천황을 살아 있는 신으로 여기며 젊은 이들을 가미가제로 내모는 것이 가능했던 것이다.

필사의 도약,
개혁 드라이브

메이지 정부의 혼란과 개혁 과제

메이지 정부가 추진해야 할 개혁은 크게 봐서 다음과 같았다.

첫째, 중앙집권국가 건설이다. 도쿠가와 시대의 일본은 약 270개 정도의 번, 즉 봉건국가로 나뉘어 있었기 때문에 이를 철폐하고 천황 정부 밑에 현을 두었다(폐번치현).

둘째는 식산흥업정책인데 한마디로 말하면 서양식 공업화를 달성하는 것이었다. 이를 위해서는 도로, 항만, 전신, 전화 등 사회 인프라와 자본 형성, 기업지원들이 필요한데 정부가 이를 주도했다. 정부주도형 산업혁명이 일어난 것이다.

셋째는 신분제 철폐다. 근대국가라는 것은 적어도 공식적으로는 신분이 있으면 안 된다. 실제적으로 경제적 신분이라고 불릴 만한 세습적 차이가 있어 '금수저', '흙수저' 같은 말도 유행하지만 이게 법적으로 규정되어 있진 않다. 나면서부터 샐러리맨이라고 법에 규정되어 있는 사람은 없다.

넷째, 민족주의 확립이다. 근대국가라는 것은 민족주의가 지탱하고 있다. 조선시대에는 민족주의가 없었다. 퇴계 이황이나 율곡 이이 선생은 조선의 뛰어남과 독특성, 혹은 단군에 대해서 별로 관심을 보이지 않았다. 이들의 주요 관심사는 이 세계 보편의 진리, 인간의 도덕성, 즉 리理, 도道, 의義, 덕德, 예禮 같은 것들이었다. '코리아'의 기원이나 '코리아란 무엇인가'를 설명하려는 노력은 별로 하지 않았다. 지금 민족주의 시대의 우리가 볼 때는 이상한 일이다. 그러나 그분들이 볼 때는 우리가 신기하게 보일 수도 있다. 근대 들어 유럽에서 형성된 민족주의가 일본에도 퍼지고 결국 우리나라에도 늦게나마 들어왔다. 일본은 천황이란 존재가 민족주의를 받아들이고 퍼뜨리기에 딱 들어맞는 정치적 존재였다. 지금도 일본 민족주의의 구심점엔 천황이 있다.

다섯째는 민주주의다. 헌법제정(1889년)과 의회설치

(1890년)를 유신 20여 년 만에 해치웠다. 지금은 일본 민주주의가 한국의 민주주의에 비해 낫다고 할 수 없겠지만, 어쨌든 일본은 19세기 말까지는 비서양 국가 중 위 두 가지를 유일하게 달성한 나라였다.

메이지유신 직후 정부는 혼란스러웠다. 위와 같은 정책들에 반발하는 세력들이 정부에도 사회에도 즐비했다. 사이고를 중심으로 한 사무라이들은 신정부의 개명정책에 커다란 불만을 품고 있었고, 정부 내에도 다양한 세력이 혼재되어 있었다. 신기관 설치, 폐불훼석廢仏毀釈, 불교의 특권을 무너뜨리고자 사원, 불상 등을 훼손한 사건 등 시대착오적인 정책들은 이런 가운데 나온 것이었다. 오쿠보는 신정부에 참여하게 되면서 강력한 발언권을 확보했다. 그는 차근차근 무능한 공경과 대명 출신들을 정부에서 축출하고 천황과 정부도 교토에서 에도로 옮겼다. 에도가 도쿄東京가 된 것이다. 왕정복고는 되었지만 전국에 산재한 번과 번주들은 건재했다. 이대로 두면 장군 하의 봉건제에서 천황 밑의 봉건제로 바뀌는 데 그칠 것이었다.

700년의 봉건제를 끝낸 폐번치현

1869년 초 사쓰마, 조슈, 사가, 도사 등 유신의 주력 번들은 판적봉환版籍奉還을 상표했다. 영지를 천황에게 바칠 테니 "조정의 사정에 맞추어 줄 만한 것은 주고 빼앗을 만한 것은 빼앗아, 부디 각 번의 봉토에 조명詔命을 내리어 새로 정해주시길" 바란다고 청원한 것이다. 이것이 폐번치현의 큰 계기가 되었다. 정부는 이에 호응해 번주를 천황이 임명하는 번지사藩知事로 바꾸었다. 번주들의 현재 지위는 유지해주면서 세습권은 박탈한 것이다. 메이지유신 과정을 보면 이런 점진적 개혁의 연속이다. 구세력에 단호하게 대처하되 퇴로는 열어둔다. 오도 가도 못할 궁지에 몰아넣는 일은 거의 없다. 이것이 큰 무력충돌 없이 개혁이 진행된 이유다.

판적봉환 후 1869년 7월 8일, 정부는 관제 개혁을 단행하여 2관(신기관, 태정관) 6성으로 재편했다. 개혁에 반대하는 세력은 점점 약화되었고, 우리로 치면 구한말의 급진개화파 같은 사람들이 정부를 장악해갔다. 그중에서 기도 다카요시, 오쿠마 시게노부, 이토 히로부미 라인은 좀 더 급진적이었고, 이와쿠라 도모미, 오쿠보 라인은 좀 더 점진적이었다. 그러나 구세력에 대한 단호한 대처에 이들은 합심했다. 기존 세력들의 저항은 끈질겼다. 특히 오랫동안 주종 관계로 맺어져 온 번과 가신단을 폐지하여 봉건제를 일소하는 데에는 커다란 어려움이 따랐다.

각 번은 제각각 자기만의 토지제도, 세제, 법령, 가신단 봉록체제 등을 갖고 있었다. 가신들의 일차적인 충성 대상은 아직도 여전히 주군, 즉 번주였다. 기도 다카요시나 오쿠보 도시미치조차도 옛 주군 앞에서는 할 말을 하지 못하는 상황이었다. 이 번 체제를 그대로 유지해서는 중앙집권 국가 수립은 요원한 일이었다. 그러나 너무 큰 모험이었다. 이 때문에 오쿠보나 이와쿠라는 점진적인 방법을 선호했다. 그러나 기도 다카요시나 이토 히로부미 등 조슈번 출신들은 급속한 군현제 실시, 즉 봉건제 폐지를 주장했다.

오쿠보는 고향 가고시마에 내려가 옛 주군 히사미쓰와 죽마고우 사이고 다카모리를 만났고 사이고를 도쿄로 끌어올려 정부에 참여하게 하는 데 성공했다. 사이고는 곧 그가 거느리고 있는 최강의 사쓰마 무력을 의미한다. 결국 그의 동의를 얻어 1871년 7월, 전광석화처럼 폐번치현을 단행했다. 약 700년가량 지속된 봉건제가 폐지되는 순간이었다. 어떤 연구자는 이를 '폐번치현 쿠데타'라고 했다. 오쿠보는 "지금 이대로 와해되기보다는 오히려 대영단을 내리고 와해되는 편이 낫다"며 배수진을 쳤다. 가고시마에서 폐번치현 소식을 전해들은 시마즈 히사미쓰는 불꽃놀이를 하며 울분을 달랬다.

폐번치현으로 정부 내 구세력은 일소되고 사쓰마, 조슈의 개혁파에 도사번과 사가번의 개혁파들이 가세했다. 이들은 7월 29일, 태정관 중심으로 정부조직을 재차 개편하여 중앙집권 강화를 꾀했다. 드디어 유신 후 3년 반 만에 정부는 급진개화파가 완전히 장악했다. 이제 앞에 남은 것은 개혁 드라이브였다.

필사적인 서양공부, '이와쿠라 사절단'

메이지 정부의 당면과제 중 하나는 막부가 1850년대 후반에 서양과 맺은 불평등조약을 개정하는 것이었다. 이 문제는 이후 메이지시대 외교사를 관통하는 중요사안인데, 결국 1890년대에 가서야 해결의 실마리를 찾게 된다(1894년 영국과의 교섭으로 치외법권 폐지). 폐번치현으로 개혁파가 장악한 정부는 1871년 11월, 대규모 해외사절단을 파견했다. 정사正使는 이와쿠라 도모미였고, 오쿠보는 부사副使가 되어

이와쿠라 사절단

해외로 떠났다. 1870년대면 이미 유럽은 근대화가 진전되어 선진문명을 구가할 때다. 오쿠보 도시미치는 그곳을 견학하면서 일본이 나아갈 길과 그들과 일본의 국력 격차를 뼈저리게 실감하게 된다.

위 사진이 이와쿠라 사절단의 모습이다. 중앙에 여전히 옛날 공경 차림으로 앉아 있는 인물이 전권대사 이와쿠라 도모미고, 그 양 옆으로 오쿠보 도시미치와 조슈번의 리더

기도 다카요시가 앉아 있으며, 이토 히로부미의 모습도 보인다(오른쪽에서 두 번째). 이러한 정부의 핵심 인사들이 혁명정권을 세워놓고 자기들은 조약개정과 선진문명 견문을 위해 외국에 나간 것이다. 사절단은 태평양을 가로질러 12월에 미국 샌프란시스코에 도착했다. 미국은 조야를 막론하고 이 진기한 손님들을 대대적으로 환영했다.

이토 히로부미는 환영행사에서 영어로 일본의 개혁정책과 각오에 대해 연설했다. 유명한 '히노마루 연설'이다. 이토는 1862년 21세 나이로 조슈번의 지원을 받아 막부 몰래 영국 유학을 한 바 있었기 때문에 영어가 가능했다. 사절단은 다음으로 워싱턴에 들어가 그랜트 대통령을 면담했다. 미국은 일본이 아직 근대국가가 갖춰야 할 법체계 등이 미비하다는 이유를 들어 조약개정 교섭에 응하지 않았다. 압도적인 국력 차이 앞에서 조약개정은 단념할 수밖에 없었다.

그 후 사절단은 약 반년간 미국에 체재하면서 방적공장, 학교, 의회, 신문사 등을 속속들이 관찰했다. 조약개정 교섭은 시작도 못해봤지만 대신 선진문명을 공부할 수 있는 좋은 기회였다. 미국의 부강에 감명받은 오쿠보는 원래 프랑스에 유학시키려고 데려갔던 아들 둘을 미국에 남기기로 했다. 이 중 당시 열 살이었던 둘째아들이 훗날 일본 정계의 거물이 되는 마키노 노부아키다. 참고로 전후 총리를 여러 번 역임한 요시다 시게루는 오쿠보의 사위이고, 전직 총리이자 현재 스가 정권의 부총리 아소 다로는 현손玄孫이다.

사절단은 이후 필라델피아, 뉴욕, 보스턴을 거쳐 다음 방문국인 영국 런던으로 향했다. 영국에서는 약 4개월간 체류하며 빅토리아 여왕을 알현하고, 리버풀 조선소, 맨체스터 목면 기계장, 글래스고 제철소, 버밍엄 맥주제작소를 둘러봤다. 오쿠보는 증기, 철, 철도, 도로, 무역이 영국이 부강한 이유라고 간파했다. 이어 1872년 말, 일행은 파리로 가 프랑스 대통령을 면담하고 네덜란드를 거쳐 1873년 봄에 독일로 들어갔다. 비스마르크를 만난 오쿠보는 그를 '대선생'이라고 칭하며 흠모의 염을 감추지 않았다.

이 사절단에는 함께하지 않았지만 자타가 공인하는 메이지 정권 최고의 서양통인 이노우에 가오루는 이렇게 말한 적이 있다. "우리 일본제국을 바꿔 유럽적인 제국으로 만들어라. 우리 국민을 유럽적 국민으로 만들어라. 유럽적인 하나의 제국을 동양의 표면에 만들어내라. 오직 이와 같이 하면 우리 제국은 비로소 조약상 서양 각국과 동등한 지위에 오를 수 있을 것이다. 우리 제국은 오직 이것으로 독립하고 이것으로 부강을 이룩할 수 있을 것이다."

오쿠보도 사절단의 다른 멤버들도 이 말에 크게 공감했을 것이다. 미국과 유럽 각국을 직접 보니 일본 국내에서 벌어지는 모든 일이 아이들 장난 같았다. 사무라이 기득권이니 일본 전통 보존이니 하는 것들을 운위할 때가 아니었다. 지금 당장 필사의 각오로 일본 자체를 유럽처럼 만들지 않고서는 기득권도 전통도 신기루처럼 사라질 것이었다. 일본 전통과 일본 민족의 정체성을 지키는 유일한 길은 역설적이게도 일본을 '유럽적인 하나의 제국'으로 만드는 것이다. 역사의 아이러니란 이를 두고 한 말일 것이다.

이 아이러니에 대한 이해 차이가 그 후 세계 곳곳에서 역사의 갈림길을 만들었다. 전통과 민족을 지나치게 강조하면서 배외주의적인 태도를 보인 곳에서는 그 이름으로 민족 구성원인 민중을 탄압하고 독재를 자행하며 심지어는 나라를 파멸로 이끈 경우도 있었다. 북한과 1930년대 후반 군국주의 일본이 그 예다. 반면 전통과 민족을 중시하면서도 그것들을 구출하기 위해서라도 서양화를 추진해야 한다는 아이러니를 통찰하고 그 리스크를 감수하면서 용감하게 개방적인 태도를 취한 곳에서 전통은 여전히 죽지 않았고 민족은 더 펄펄하게 살아남았다. 메이지 일본과 대한민국이다. 이 대립은 지금도 현재진행형이며, 또 다른 갈림길이 우리 앞에 놓여 있다.

죽마고우 사이고
다카모리와 대결하다

정한론 분쇄와 오쿠보 정권의 탄생

그런데 별안간 도쿄에서 사절단의 조기귀국을 재촉하는 소식이 날아들었다. 이와쿠라, 오쿠보, 기도, 이토 히로부미 등이 모두 해외에 나가 2년 가까이 돌아오지 않으니 정부 운영이 힘에 겨웠던 것이다. 이를 '잔류정부'라고 흔히 부르는데 사실 이 정부 하에서 많은 개혁이 이뤄졌다. 의무교육제도, 징병제, 토지세제 개혁, 태양력 채용, 기독교 해금 등 다른 아시아 국가들은 손도 대지 못한 정책들을 한꺼번에 시도하거나 실행했다. 그 중심에는 대표적인 서양통들인 오쿠마 시게노부, 이노우에 가오루, 야마가타 아리토모 등이 있었다. 그러나 점점 정부 내 불화가 시작됐다. 사이고 다카모리, 오쿠마 시게노부, 이노우에 가오루, 이타가키 다이스케 사이에 내분이 벌어진 것이다. 오쿠보와 기도 다카요시가 일정을 앞당겨 귀국하고 보니 정한론 분쟁으로 정부는 폭발 직전이었다. 게다가 정한론 세력의 핵심은 절친한 사이고였다.

오쿠보는 강경하게 반대했다. 그가 정한론에 반대한 이유는 '아직 정부의 기초가 확립되지 않았다, 정부 비용이 막대하여 세출이 항상 세입을 초과한다, 정부가 산업을 일으켜 부강의 길을 만드는 것은 수년 후를 기다려야 성공할 수 있다, 무역에서 매년 대략 100만 냥의 적자가 나고 있다, 러시아는 북방을 점거하고 군사를 보내 사할린으로 와 남침할 조짐이 있다, 일본 외채는 대부분 영국에 의존하고 있는데, 이 부채를 갚지 못한다면 영국은 반드시 이를 구실로 우리 내정에 간섭할 것이다' 등이었다. 요컨대 전쟁을 일으킬 만한 돈이 없다는 것이다. 조선 침략을 근원적으로 반대했던 것은 아니었다. 그가 바로 다음해 대만 침략을 승인한 것도 이런 맥락에서 이해할 수 있다. 대만 정도는 감당할 수 있다고 본 것이다.

사이고는 자신이 서울에 가서 교섭하겠다고 했지만, 오

쿠보는 이도 저지시켰다. '조선이 우리를 대하는 태도, 또 미국 사절에 행한 행동을 보면(1871년의 신미양요를 가리킨 듯하다) 사이고 사절단과 조선 정부 사이에 마찰이 일어날 가능성이 크다. 그런데도 사절을 파견하려면 먼저 개전의 각오를 하지 않으면 안 된다. 그러나 지금 조선과 전쟁할 준비가 되어 있는가. 그만한 국력이 일본에 있는가.'

오쿠보 역시 일본 국위를 해외에 떨치는 데에는 이견이 없었으나 지금 시점에서는 조선 침략보다 내치 안정이 우선이었다고 봤다. 일본의 실력이 정한을 할 정도에 이르지 못했다고 판단한 것이다.

상대는 사이고였다. 그 뒤에는 정부의 개화정책에 불만이 쌓여 있고 정한론이 일어나니 신이 나서 사이고 밑에 집결한 전국의 사무라이들이 있었다. 오쿠보는 미국에서 공부하던 두 아들에게 유서를 써놓고 정한론 분쇄에 나섰다. 그 경위는 앞에서 다뤘다. 이와쿠라 도모미-오쿠보 도시미치-기도 다카요시의 연합세력 앞에 사이고는 결국 패배했다. 최종적으로 정한론이 철회된 것이다. 정한론 철회로 사이고와 정한론파가 사직하자 정부는 오쿠보와 기도 다카요시가 장악하게 되었다. 병치레가 잦았던 기도가 정무에 전념하지 못하는 사이, 오쿠보는 정부 내에서 점점 독보적인 영향력을 갖게 되었다. 내무성을 새로이 만들고 초대 내무경에 올라 사실상 수상의 지위에서 부국강병 정책을 진두지휘했다. '오쿠보 정권'이 탄생한 것이다.

그러나 이 오쿠보 정권은 불안정했다. 사이고를 위시해 많은 정부요인이 뿔뿔이 제 고향으로 돌아가 불평 사무라이들을 집결시켜 무장봉기를 꾀하고 있었다. 이들은 하기, 사가, 구마모토 등 막부 타도의 주요 거점이었던 지역들에서 반란을 일으켰고, 결국 1877년 사이고가 이끄는 대봉기로 이어졌다(서남전쟁). 정부를 이탈한 일부 인사들은 자유민권운동을 제창하며 오쿠보의 독재를 비판하고 의회를 조기에 개최할 것을 요구했다.

신들이 엎드려 현재 정권이 누구에게 있나 하고 살펴보니, 위로는 천황에게 있지 않고, 아래로는 인민에게 있지 않으며, 오로지 일부 실권자(유사有司)들에게 있습니다. 실권자들은 위로는 천황을 존숭하지 않는다고는 하지 않으나 황실은 점점 그 존엄함을 잃어가고, 아래로는 인민을 지킨다고 하지 않는 것은 아니나 정부의 명령은 여러 곳에서 나오며, 아침저녁으로 변합니다. 정치는 정실에 따라 왔다 갔다 하고, 상벌은 애증에서 나오며 언론은 막혀 있어 곤궁함을 호소할 길이 없습니다. 이런 상태로 천하가 다스려질 것을 바란다는 것은 삼척동자도 그것이 불가능함을 알 것입니다. 이를 고치지 않는다면 아마도 국가는 와해의 길로 접어들 것입니다. 신들은 애국의 마음을 스스로 이기지 못해 나라를 구할 길을 강구해보았는데, 오직 천하의 공의公議를 떨치는 길밖에는 없습니다. 천하의 공의를 떨친다는 것은 백성이 뽑은 의원을 설립하는 길밖에는 없습니다. 즉 실권자의 권한을 제한하고서야 상하가 각각 안전과 행복을 누릴 수 있을 것입니다.(「민선의원 설립 건백서」)

1877년 서남전쟁의 패배로 무장봉기 세력은 소멸했지만 자유민권운동 세력은 1880년대에 들어가 자유당, 입헌개진당을 창설하며 강력한 반정부 세력으로 떠올랐다. 저 주장만 보면 어디 하나 흠잡을 데가 없다. 1874년 초(대원군 실각, 고종 친정 2년차)에 벌써 '백성이 뽑은 의원' 설립을 주장하고 있으니 말이다. 그러나 여기서 우리가 새삼 주목해야 할 것이 있다. 무장봉기 세력은 그렇다 쳐도 일본의 초기 민주주의운동을 주창한 세력이 그 뿌리를 정한론에 두고 있다는 점이다. 그 이후 메이지 정치세력 중 중요한 한 부분인 민권파는 대내적으로는 인민의 자유와 정치참여를 촉구했지만, 대외적으로는 특히 한국에 대해서는 침략적인 태도를 강하게 드러냈다. 오히려 메이지 정부가 이들의 강경한 주장을 억제하지 않으면 안 될 정도였다. 메이지 정부를 비롯한 국권파뿐 아니라 이들도 공격적인 내셔널리즘에 강하게 사로잡혀 있었던 것이다.

원래 동아시아에서는 전통적으로 부국강병을 좋게 보지 않는 편이었다. 부국하려면 세금을 많이 거둬야 하니 결국 백성을 괴롭히게 되고, 강병은 전쟁위기를 고조시키니 이 또한 민생에 위협적인 것이었다. 조선의 위정척사파들은 서양과 일본의 부국강병 정책에 대해 끝까지 비판의 날을 거두지 않았다. 그러나 일본은 일찌감치 부국강병을 받아들였다.

예로부터 실로 크게 이루려고 하는 군주는 반드시 공적을 세우고 이익이 있는 일을 일으켜, 이를 자손에게 남겨주고 자기의 이름을 날리고 싶어 한다. 그러하거늘 후세의 유자儒

^者는 헛되이 도덕인의를 얘기하고, 공리^{功利}를 말하기를 꺼리며, 부국강병을 배척하면서 패술^{覇術}이라고 한다. (…) 정말로 모르는구나, 상고에 성인이 도를 세워 가르침을 베풀 때 이용후생은 정덕^{正德} 앞에 있었고, 육부삼사^{六府三事}를 구공^{九功}이라고 일컬은 것을. 공자님이 정치를 논할 때도, 병^兵을 족하게 하고 식^食을 족하게 하여 백성으로 하여금 이를 믿게 하는 것을 급선무로 하셨다. 즉 성인께서 공리에 매우 열심이셨다는 것을 알아야만 할 것이다.(「정사봉사^{丁巳封事}」)

이 글은 후기미토학의 시조라 할 수 있는 후지타 유코쿠가 이미 1790년대에 쓴 글이다. 인의도덕만을 주장하며 실사구시하려는 움직임을 패술이라고 비난하는 유학자들의 잘못을 성인의 이름으로 규탄하며 부국강병을 명시적으로 옹호하고 있다. 그와 그의 문인들은 이 부국강병과 존왕양이를 이루기 위해 뜻있는 사람들이 떨쳐나서야 한다며 그런 스스로를 '광인'이라고 부르기를 주저하지 않았다. 대외 위기 인식에서도 마찬가지였다. 태평성대에 대외 위기를 주장하니 이를 비판하는 사람들이 많았다. "지금 북쪽 오랑캐를 경계해야 하는 것은 해가 갈수록 절박한 일이다. 그

런데도 당국자는 대체로 무위를 좋아하고, 항상 온건한 방법으로 수습하려 한다. (…) 지금 세상은 모두 안락에 빠져 있다. (…) 만약 전쟁을 논하는 자가 있으면 비웃으며 미친 놈이라고 한다."(「정사봉사」) 그들은 미친놈을 자처했다.

요시다 쇼인도 자신의 글을 '광부지언狂夫之言'이라며 스스로 미친 자라고 칭했다. 이런 태도는 비단 이들뿐 아니라 막말기에 활동했던 많은 사람들에게도 보인다. 이들은 자신들을 광견狂狷·광우狂愚·광생狂生·광서생狂書生이라고 부르기를 마다하지 않았고, 그야말로 미친 듯이 좌충우돌했다. 철벽같은 체제를 부수고 백척간두의 위기를 돌파하기 위해서는 정말 미친 사람이 필요했다. 그러나 이들이 부국강병을 이루었을 때에는 정신을 가라앉혀야 한다. 부국강병을 손에 쥐고도 계속 이런 자세라면 대사를 그르치게 될 것이다. 이들이 여전히 제정신을 못 차린다면 국가의 핵심에서는 제거해야 한다. 초기 메이지 정권은 이에 성공했고, 1930년대 이후 일본은 이에 실패했다.

대만 침략, 해외 도발의 시작

오쿠보 정권에 대한 첫 도전은 1874년 2월 에토 신페이가 일으킨 사가의 난이었다. 에토는 원래 정부의 핵심 멤버였으나 정한론 분쟁에서 패하고 고향 사가로 내려간 지 얼마 되지 않아 반란을 일으켰다. 봉기군은 1만 명을 넘었지만 오쿠보는 직접 출진하여 진압하고 가고시마로 도망친 에토를 잡아 효수해버렸다. 유신 동지이자 한때 정부의 참의면서 사법경이었던 인물을 극형에 처한 것이다. 그것도 모자라 오쿠보는 봉기군을 버리고 도망친 그에 대해 "에토의 추태에는 웃음이 나올 뿐"이라고 내뱉었다. 과묵하고 극언을 삼가는 그로서는 이례적인 표현이다. 아직도 막부 시대의 사무라이 기분을 내고 있는 봉기군을 보며 아마도 그는 워싱턴, 런던, 파리의 높다란 빌딩과 세차게 돌아가는 공장 기계, 그리고 규율 잡힌 근대적 군대를 떠올렸을 것이다. 웃음이 나온 것도 당연하다.

이어서 대만 문제가 발생했다. 대만은 청나라 땅이다. 대만에서 가까운 오키나와에는 15세기 이후 류큐 왕국이 존재해왔으나 1871년 일본이 제 밑으로 흡수했다. 그런데 류큐 어민들이 바다에서 어로생활을 하다 보면 본의 아니게 대만에 표류하곤 했는데, 이때 어민 몇 명이 대만 원주민(생번生蕃)들에게 살해당하는 일이 발생했다. 그러자 기다렸다는 듯이 일본은 중국에게 항의한다. 중국인이 일본인을 죽였다고 주장한 것이다. 하지만 대만 원주민에게는 '중국인'이라는 개념이 없었고 류큐 어민들에게도 자신들이 '일본인'이라는 개념이 없었다. 일본 정부는 이참에 류큐를 일본 영토로 인정받고자 한 것이다. 청은 대만이 중국의 판도이기는 하나 생번은 교화 바깥에 있는 백성들化外之民이라서 청이 책임질 일이 아니라는 입장이었다. 도쿄의 중앙정부가 머뭇거리는 사이에 사이고 쓰구미치(사이고 다카모리의 동생)는 군대를 이끌고 대만에 상륙해버렸다. 근대 일본의 첫 해외 군사행동이었다.

이후 일본은 1945년까지 쉼 없이 해외도발을 일으키고 전쟁을 계속했다. 이듬해인 1875년에는 운요호 사건을 일으켜 조선을 개국시켰고, 1879년에는 류큐 왕국을 완전히 폐지하고 오키나와현을 설치했다. 1880년대에는 좀 잠잠했다. 1882년 임오군란, 1884년 갑신정변에서 청나라 세력에게 밀렸기 때문이었다. 역사가들은 이때가 조선이 곤궁을 탈출할 수 있는 절호의 시기였다고 평가한다. 1882년 조미수호조약을 시작으로 조선은 서양 각국과 조약을 맺어 국제사회에 입성했고, 특히 1884년 러시아와 조약을 체결함으로써 청, 일본, 러시아의 세력균형하에서 다양한 외교 전략을 구사할 수 있는 운신의 폭이 가까스로 생긴 시기였다.

그러나 그 시기는 오래가지 못했다. 1880년대 산업혁명이 전개되고 그 경제력을 바탕으로 해군력을 키운 일본이 1894년 청일전쟁을 일으켰기 때문이다. 이후에도 의화단의 난 파병(1900년), 러일전쟁(1904년), 한국병합(1910년), 1차 대전 참전(1914년), 시베리아 파병(1918년), 만주사변(1931년), 중일전쟁(1937년), 태평양전쟁(1941년) 등 브레이크 없는 일본의 해외팽창과 폭주는 계속되었다.

사가의 난을 현지에서 막 진압한 오쿠보는 이번에는 베이징으로 갔다. 1874년 9월 10일이었다. 대만 문제를 담판짓기 위해서다. 교섭은 난항에 난항을 거듭했다. 늙었다고는 하나 청은 여전히 세계적인 대제국 중 하나였다. 게다가 청은 1860년대 이후 양무운동을 시작하면서 중흥의 기미를 보이고 있었다. 이와쿠라 도모미가 한번 방향을 정하면 '확고하여 움직이지 않는 사람'이라고 평한 대로 오쿠보는 마음을 굳히고('심결心決') 불퇴전의 결의로 맞섰다. 상대는 청 외교를 대표하는 이홍장이었다. 훗날 '동양의 비스마르크'라고 불렸던 영걸이다. 양국은 1871년에 청일수호조규로 국교를 맺고 있었지만 이홍장은 일본을 경계해 마지않았다. 신강의 일리 지역을 러시아가 점령한 와중에 일본과 긴장을 조성하는 것은 큰 부담이었다.

결국 청은 일본의 군사행동을 '국민을 지키려는 의거(보민保民의 의거)'라고 인정하고 50만 냥의 배상금 지불을 약속하지 않을 수 없었다. 일본으로서는 큰 수확이었다. 대만 침략에 반대했던 기도 다카요시조차도 오쿠보를 높게 평가했다. 돌이켜보면 청은 중국에 대한 일본의 첫 군사행동에 구멍을 보인 것이다. 이 작은 구멍은 봉합되었지만 그 후 중일관계를 상징하는 사건이 되었다.

서양을 배워
그보다 강한 일본을!

경제발전을 향한 확고한 신념

사가의 난 진압과 대만 문제 해결로 오쿠보의 위신은 한껏 높아졌다. 이제야말로 유신 이래 계속된 외교문제와 내분을 종식시키고 '일'을 할 때라고 오쿠보는 생각했다. '언제까지나 백면서생 같은 토론이나 정쟁만 일삼고 있을 수는 없다. 지금 일본의 상태는 설사 나폴레옹이나 비스마르크 100명이 있더라도 금방 특별한 일을 할 수는 없다. 일본은 아직 어린애고 앞길은 멀다.' 그를 위해서는 자신의 독재체제만 갖고는 안 되니 메이지유신 원훈들의 도움이 절실했다. 1875년 2월 11일, 오사카에서 기도 다카요시와 이타카키 다이스케와 만나 10년 후 의회설립을 약속하고 그들

274

이 정부에 돌아오게 하는 데 성공했다. 이를 '오사카회의'라고 한다. 예정보다 조금 늦게 되지만 일본은 이 약속대로 1889년 헌법을 제정하고 이듬해 제국의회를 열어 입헌국가가 되었다.

권력이 안정되자 그는 곧바로 경제발전에 대한 방침을 표명했다. 정말 하고 싶은 일이었다. 위대한 일본주의도, 고매한 천황주의도 경제력 없이는 한낱 말장난에 불과하다는 것을 그는 잘 알고 있었다. 이와쿠라 사절단으로 서구를 돌아봤을 때 무엇보다 탐났던 것은 기계로 돌아가는 조선소, 방적공장, 그리고 철도였다. 이것들 없이는 일본은 도쿠가와 시대를 벗어날 수 없고, 이것들을 만들어내지 못한다면 그건 정치가가 아니었다. 이런 오쿠보의 눈에 사가의 난 따위는 백해무익한 것일 뿐이고, 그 수령 에토 신페이 같은 자는 '그 추태에 그저 웃음만 나올 뿐'이었던 것이다. 오쿠보가 볼 때 사무라이의 울분도 해외팽창론도 일리가 있는 것이었다. 그런 만큼 민심을 격동시키기도 했다. 그러나 정치가는 일리나 감정에 움직이는 사람이어서는 안 된다. 갖가지 가짜, 반半 가짜의 주장들이 무성할 때 세계의 대세와 먼 장래를 내다보고 예리한 판단을 내리는 것,

그리고 그에 따라 확고불가동確固不可動의 실천을 행하는 것, 오쿠보는 이런 정치가를 자임했다.

무릇 나라의 강약은 인민의 빈부에 달려 있고, 인민의 빈부는 물산의 많고 적음에 관계되어 있다. 물산의 많고 적음은 인민이 공업에 열심히 종사하느냐 하지 않느냐에 달려 있긴 하지만, 그 원인을 따져보면 모두 정부관리가 지도하고 장려하는 힘에 의존하는 것이다. (…) 예를 들어 영국과 같은 나라는 작은 소국에 불과하다. 그러나 섬나라여서 항만에 이점이 있고 또 광물이 풍부하기 때문에, 그 정부 관리들이 이 천연의 이점에 기반하고 보충하여 번성하게 하는 것을 자신들의 의무로 삼았다. 군신이 모두 이에 마음을 써서 세계 항해의 이점을 얻고 국내 공업을 크게 진작시키려고 하여 전에 없던 항해법을 과감히 제정하였다. 그 법은 영국선박이 아니면 외국의 물산을 수입하는 것을 허가하지 않고, 또 영국 국내의 각 항 사이에 화물을 운반하는 데에 외국선박을 사용하는 것을 금지했다. 그 의도는 첫째는 자기나라 선박 수를 늘려 국민이 항해술에 숙련되게 함에 있고, 둘째는 외국제품이 너무 많이 들어오는 것을 차단하여 국내 공업을 보호하고 번성하게 함에 있다. 이것을 시행하고 한참 지나자, 선박이 크게 증가함에 따라 해운술海運術이 점점 발달하여 다른 나라들이 감히 영국과 대적할 수 없게 되었다. 이후 공업이 점점 매우 성하게 되어 국내 산물을 국내 인민에게 공급하고도 남게 되었다. 그러자 비로소 그 금령을 해제하고 무역의 자유를 허가하였다. 이것이 영국이 금일의 부강을 이룩한 이유이다. (「식산흥업에 관한 건의서」)

'경제발전은 정부가 주도해야 한다, 정부는 식산흥업의 리더다, 일본에는 경쟁력 있는 기업도 기술도 자본도 부족하다, 있는 것은 서양 사정에 밝고 경제발전에 확고한 의지가 있는 정부뿐이다, 그 중심에는 내가 있다.' 이것이 오쿠보의 생각이었다. 공업화는 당면 목표였다. 경공업은 오쿠보의 내무성이, 중공업은 이토 히로부미의 공부성이 맡아 박차를 가했다. 중요하고 시급한 분야는 민영공장이 생길 때까지 관영모범공장을 건설해 담당케 했다. 당시 면사와 면제품 수입은 무역적자의 가장 큰 원인이었다. 이를 타개하기 위해 정부는 1872년에 도미오카 제사공장을 만들고 제사기술자를 양성해왔다. 이 공장시설은 지금 산업혁명

유산으로 많은 관광객을 끌어모으고 있다. 해운업에서는 미쓰비시 증기선 회사에 자금을 지원하며 일본 해운회사를 키웠고, 그 결과 요코하마-상하이 노선에서 미국과 영국회사를 배제하는 데 성공했다. 오쿠보는 농업 발전에도 큰 관심을 보였는데, 특히 양잠과 제사에는 전문가 수준의 식견을 갖고 있었으며, 잠업 무역을 위해 해외직수출회사 설립을 시도하기도 했다. 아울러 수출신장을 위해 민간 무역상사 활성화도 크게 장려했다.

그러나 오쿠보에게 주어진 시간은 많지 않았다. 사가의 난과 대만 문제가 해결된 것이 1874년 중반이었고 절친 사이고 다카모리가 서남전쟁을 일으킨 것이 1877년 초였으니, 그가 경제발전에 몰두할 수 있던 시간은 3년도 채 되지 않았다. 오로지 일본을 영국, 프랑스, 미국과 같은 나라로 만들기 위해 노심초사하던 그에게 사이고의 봉기는 말문이 막힐 정도로 기가 막힌 일이었다. 세상을 몰라도 이렇게 모를 수가 있나 하는 것이 아마도 그의 심정이었을 것이다. 현재 일본인들이 사이고에게 갖는 애틋함과 향수 같은 감정에 저세상의 오쿠보는 헛웃음만 나올 것이다. 급한 발걸음을 재촉하는 그에게 커다랗고 우둔한 바위가 막아선 것이다.

그는 사이고가 명분 없는 경거망동은 아직 하지 않을 것이라며 친구를 믿으려 했고, 정말로 반란이 일어나자 사이고를 만나려고도 했다. 그러나 다 허사였고 죽마고우 간에 상쟁이 벌어지고 말았다. 사이고가 죽은 9월 24일, 도쿄에서는 제1회 내국 권업박람회가 성대하게 열렸다. 옛 사무라이의 수령이 전사한 날과 식산흥업을 상징하는 행사일이 같은 날이라는 건 이후 근대 일본의 행로를 상징하는 것이었다. 역사는 오쿠보 노선이 옳았음을 증명했다.

지독한 현실주의자의 리더십

오쿠보는 자신의 노선에 한 치의 의심도 없었지만, 옛 사무라이 동료들에게는 사무라이 계층과 무사도와 사쓰마번을 배신한 자였다. 사이고의 죽음과 대비되어 사무라이들의 그에 대한 원한은 높아만 갔다. 결국 1878년 5월 14일, 그는 출근길에 아카사카에서 사무라이 출신 일당들에게 습격을 받아 죽었다. 사이고가 죽은 지 8개월이 채 안 된 때였다. 마차를 타고 내무성에 출근하는 길이었다. 48세 때였다. 그 마차는 지금도 남아 있다.

묘하게도 그날 아침 출근 전 그는 한 동료와 전화통화를 하며 다음과 같이 말했다. "메이지 원년부터 10년간 일본은 제로에서 출발했다. 모든 게 처음부터였고 전쟁도 많아 창업의 시대라고 할 만했다. 앞으로 10년은 내치를 다듬고 민산民産을 흥하게 하는 건설의 시대가 될 것이다. 불초하지만 내가 전력을 다해야 할 일이다. 그 후 10년은 우수한 후배가 뒤를 이어 메이지 일본을 크게 발전시켜줄 것이다."

그는 아마도 앞으로 10년 동안 산업혁명을 일으키고 상공업을 발전시켜 일본을 경제강국으로 만들 생각에 부풀어 있었을 것이다. 강병도 부국이 되어야 가능한 것이다. 한창 일할 나이였으니 이른 죽음이 더욱 아쉬웠을 것이다. 그러나 그가 죽은 후에도 일본은 그의 노선을 그대로 계승했다. 오쿠보는 없었지만 일본의 1880년대는 그가 계획했던 구상대로 전개되었다. 그 중심에는 그를 추종했던 이토 히로부미가 있었다.

오쿠보는 대단한 애연가였는데 서양풍을 선호해서 파이프 담배를 피웠고, 양식 가옥에 유리로 된 세면 기구를 사용했으며, 집에서도 양복을 입고 두발은 포마드로 세팅했다. 오쿠보에게는 대화 상대를 압도하는 카리스마가 있었는데 그의 위엄은 발자국 소리에서부터 느껴졌다고 한다.

그래서 오쿠보가 출근할 때 내무성에 그의 발자국 소리가 들리면 벌써 모든 사람이 그 소리에 압도되었다는 일화가 전해진다. 반대로 그가 죽은 후 새로 집권한 이토 히로부미의 발자국 소리는 그에 비하면 딸깍딸깍 경망스러웠다는 이야기가 있다.

살아생전 오쿠보 도시미치의 좌우명은 '위정청명爲政淸明, 견인불발堅忍不拔'이었다. '위정청명'은 맑고 깨끗한 정치를 지향한다는 뜻이고, '견인불발'은 굳게 참고 견디어 마음을 빼앗기지 않는다는 뜻이다. 오쿠보 사후 재산을 봤더니 온통 빚투성이어서 지인들이 유족을 위해 모금을 할 정도였다. 돈에는 깨끗했던 모양이다.

오쿠보 도시미치의 리더십은 무엇보다 현실주의적이었다. 무모한 양이운동에 동조하지 않아 대중에게는 인기가 없었다. 자신이 속한 사쓰마번의 권력을 이용해 막부타도 운동을 벌이고, 정한론을 시기상조라고 반대했으며, 독일을 모델로 한 행정부 중심의 국가 운영과 국가 주도의 경제개발 정책을 시행했다. 당시 서구의 어느 나라를 모델로 할 것인지를 두고 논쟁이 벌어졌는데, 정당정치가 발달한 영국과 혁명의 나라 프랑스보다는 비스마르크의 주도하에 개발을 하고 있던 프로이센이 적격이라고 생각해서 그곳을 모델로 정한 것이다. 후계자 이토는 이를 계승해 프로이센식 헌법을 만들었다.

또 오쿠보의 노선은 개방주의였다. 쇄국은 멸망의 길이라 생각했다. '서양을 배워 그보다 강한 일본을!' 이것이 오쿠보가 내걸었던 국가 슬로건이다. 150여 년 전 그가 새로운 일본을 만들고자 내건 이 슬로건은 지금의 일본에게, 혹은 우리에게도 여전히 유효한 것일까, 아니면 이미 실효를 상실한 것일까.

'유신삼걸' 중 나머지 한 명인 기도 다카
요시는 어떤 인물인가?

'유신삼걸' 중 사이고 다카모리와 오쿠보 도시미
치는 사쓰마번, 기도 다카요시는 조슈번 출신이
다. 막말기에는 이름이 가쓰라 고고로였고 검술의
달인으로도 유명했다. 송하촌숙 멤버이긴 했으나
요시다 쇼인과 나이 차가 세 살밖에 나지 않았기
때문에 쇼인도 그를 다른 제자들과는 격이 다르
게 대우했다.

검술에 깊은 조예를 갖고 있으면서도 서양전법

이나 서양 정보에도 예민한 관심을 갖고 있었다. 막부와 조슈번이 대결을 벌이는 내내 그는 신중한 노선을 주장했으나, 금문의 변, 막부-조슈전쟁 등 일이 일단 터지고 나면 앞장서 싸웠다. 사카모토 료마가 주선한 삿초맹약 때는 조슈번을 대표하여 회의에 임하는 등 명실상부한 조슈번 토막파의 리더였다.

메이지 정부 수립 후에는 정부 내에서 가장 급진적인 개혁을 주장했다. 판적봉환, 폐번치현을 강하게 주장하여 주저하는 이와쿠라 도모미, 오쿠보 도시미치를 설득해서 봉건제를 일소했다. 메이지 정부가 번과 사무라이 계층을 신속하게 정리하고 중앙집권적인 국가를 실현시킨 데에는 기도의 역할이 가장 컸다.

요시다 쇼인처럼 그도 일찍부터 서양에 가보고 싶은 열망이 있었으나 막말기 정쟁의 와중에 실현되지 못했다. 그의 오랜 꿈은 1871년 이와쿠라 사절단으로 구미 각국을 다닌 것으로 이뤄졌다. 귀국 후 그는 내치를 안정시키는 것을 제일의 목표로 삼았다. 사이고의 정한론을 오쿠보와 손잡고 좌절시켰고, 이어 1874년에는 오쿠보가 추진한 대만 침략을 반대했다. 그가 볼 때 지금 일본에게 시급한 것은 해외팽창이 아니라 경제건설과 국민교육, 그리고 안정된 정치체제의 수립, 즉 의회 개설이었다. 그는 메이지 정부 실력자들 중 의회정치에 가장 호의적인 사람들 중 한 명이었다.

그의 주위에는 급진개혁파인 이토 히로부미, 오쿠마 시게노부 등이 있었고, 이 그룹은 좀 더 점진적인 개혁을 표방하는 오쿠보 세력과 경쟁하고 충돌했다. 그러나 수구세력이 개혁을 저지하려고 할 때에는 금방 협조관계를 구축했다. 이 두 세력의 경쟁과 협조야말로 메이지 정부 개혁을 추진한 원동력이었고, 기도라는 정치가가 없었다면 이 시대의 개혁은 훨씬 보수적인 노선을 걸었을 것이다. 이 책에서 사이고와 오쿠보만 등장시키고 기도를 뺀 것은 그가 사쓰마의 두 사람보다 덜 중요해서가 아니라 그는 책 한 권을 따로 써야 할 사람이기 때문이다.

우리가 메이지유신에 주목해야 하는 이유는 무엇인가?

프랑스인들은 자신의 정체성을 프랑스대혁명에서 찾는다. 미국인들은 국가의 나아갈 방향을 물을 때 독립혁명의 아버지들을 소환한다. 메이지유신은 일본에서 같은 의미를 갖는다. 일본인들은 근현대 일본이 어디서 왔고 어디로 가야 하는가를 생각할 때 메이지유신을 불러낸다. 그 방식은 당연히 일정하지 않다. 민족주의자들은 요시다 쇼인을 끄집어내며 강렬한 일본정신을 찬양하고, 국제주의자들은 사카모토 료마를 상기하며 그의 오픈 마인드를 강조한다. 메이지유신은 지금도 일본인들 사이에서 벌어지는 역사 기억투쟁의 주전장 중 하나다. 그러니 우리가 현대 일본의 유래와 현재 일본인들의 사고방식을 깊게 이해하려면 메이지유신에 대한 식견을 갖고 있어야 한다.

또 메이지유신은 그 자체로도 혁명사의 흥미로운 사례다. 거대한 변혁을 수행하면서도 기존

사회의 어떤 부분은 잔존시켰고 연속성을 중시했다. 천황제의 온존은 대표적이다. 그 과정은 격렬하지만은 않았고 매우 타협적이었다. '연속하면서 혁신'한 것이다. 본격적인 계급투쟁은 끝내 일어나지 않았고, 외세와의 전쟁도 광범한 내전도 회피했다. 민중 대다수는 변혁 과정을 관망하는 데 그쳤고, 막부는 서양 열강과 전쟁하기를 한사코 거부했다. 메이지 정부 수립 직후 막부잔존세력과 벌인 무진전쟁도, 사이고 다카모리가 반란을 일으킨 서남전쟁도 국지전에 머물며 단기간에 끝났다. 이 때문에 변혁 과정에서 희생된 사람 수는 다른 혁명에 비하면 매우 적었다.

한편으로 메이지유신은 일본의 한계와 약점도 우리에게 가르쳐준다. 그 강렬한 일본우월주의는 끊임없이 주변 국가인 조선, 중국과 마찰을 일으켰고, 끝내는 전 세계를 적으로 돌려 자멸했다. 우월주의는 콤플렉스의 다른 면이다. 천황에 대한 맹신은 사회 전체를 체계적으로 권위주의화했다. 자유주의와 개인주의는 근대 일본의 눈부신 성취에 비해 아직도 일본 사회에서 초라한 존재다. 메이지유신을 존왕양이와 부국강병으로만 회상하는 것은 위험하다. 메이지유신의 또 하나의 목표였던 문명개화는, 자유주의와 개인주의에 관한 한, 아직도 미완성이다.

메이지유신의 영향은 1920년대 다이쇼 데모크라시Taisho Democracy에도, 1930년대 후반 이후의 군국주의에도, 심지어는 패전 후 벌어진 전후개혁과 현재 일본에도 남아 있다. 프랑스혁명이나 러시아혁명, 혹은 중국혁명을 모델로 일본 사회를 파악하려 한다면 헛발을 딛게 될 것이다. 일본 사회의 이해는 메이지유신부터다.

나가는 글
'생각 많은 시민들'의 일본사 읽기

도쿄대에 유학하려고 일본 나리타공항에 내린 건 1996년 4월 1일이었다. 보슬비가 예쁘게 내리고 있었다. 숙소인 기숙사까지 가는 동안 차창 밖 도쿄 풍경 하나하나가 예사롭지 않게 느껴졌다. 한국과 일본의 국력 차이가 컸던 시절이다. 일본 경제는 미국을 넘어서니 어쩌니 했고, 내 조국은 이제 간신히 후진국 티를 벗을락 말락 하던 때였다. 도쿄에 놀러온 지인들은 나를 보자마자 "아키하바라가 어디냐, 거기 좀 가자"며 전자상가를 먼저 찾았다. 지금 친구들은 일본에 가봤자 숙취에 좋다는 카베진이나 동전파스 정도나 손에 댄다. 더 이상 아키하바라 소리를 안 듣게 된 나는 동전파스를 볼 때마다 감격을 누르기 힘들다.

그때는 패션도 여성의 화장도, 길거리 풍경도 일본이 예뻐 보였다. 드라마도 J-POP도 어찌나 세련되게 느껴지던지. 도쿄대 교정에 앉아 있으면 한국인 유학생(남학생)은 금방 알아볼 수 있었다. 촌티 나는 헤어스타일에 걸음은 뒷짐 지고 팔자걸음. 나는 그 걸음걸이가 몹시 싫었다. 망국기 양반의 냄새가 났던 모양이다. 이 모든 게 콤플렉스였다. 아마 유럽이나 미국에 유학했으면 양반걸음에 진저리치는 지경까지는 가지 않았을 거다. 일본에 대한 묘한, 울적한 감정이 내 일본생활을 지배했다. 지금 20~30대 분들은 잘 이해가 가지 않을지도 모르겠다.

그만큼 지난 30년 가까운 세월 동안 상전벽해가 일어났다. 오랜만에 도쿄에 가면 우선 드는 느낌은 낡았다는 것이다. TV를 켜면 일단 재미가 없다. J-POP은 아련한 추억은 안겨주나 약간 동요 같다는 생각까지 하게 한다. 행인들의 패션도, '때깔'도 당혹스러울 만큼 다른 느낌이다. 한국에 대해 거의 관심이 없던 매스 미디어에서는 지겨울 정도로 한국 얘기가(나쁜 얘기가 대부분이지만) 나온다. 무관심 속의 후진국 유학생으로 살았던 나는 비록 혐한 장면들이지만 반갑기까지 하다. 상대가 되지 않는다고 생각하면 방송에서 언급조차 안 할 터이니까. 독자들께서는 아마도 동의하기 어려우시겠지만 나는 일본 표현대로 '같은 씨름판에 올랐다'는 감격을 갖고 있다.

이제 내 조국은 일본의 식민지도 아니고 상대도 안 되는 후진국도 아니게 됐다. 한일 간에는 이제야 비로소 '베스트 팔렌 체제'가 시작되었다고 나는 생각한다. 그러니 진짜 승부는 지금부터다. 물론 좋은 의미에서의 경쟁이다. 그러려면 양국 시민들은 역사를 숨김없이 직시해야 한다. 그런데 직시한다는 게 생각만큼 쉬운 게 아니다. 이 글은 한국 독자를 향해서 쓰는 글이므로 일단 한국의 경우에 대해서만 말하려고 한다.

작년이었던가, 아마도 현충일 무렵이었던 것 같다. 한 방송에서 어느 아나운서가 국경일에는 국기를 게양해야 한다는 멘트를 하고 나서, 단 '게양'은 일본말이니 '국기 달기'라는 말을 써야 한다고 했다. 그게 우리 민족의 언어생활을 일제 잔재에서 벗어나게 하는 길이라고도 덧붙였다. 나는 가슴이 먹먹해졌다. 이분은 현대 한국어 형성의 역사에 무지하거나 그 역사를 직시하지 않고 있다. '게양'이 일본어라면 '국기'도 '민족民族'도 일본어다. 이분이 매우 소중

하게 생각했을 '국어'나 '국사' 역시 이 기준으로는 일본어다. '민족'만 예를 들면 이 어휘는 'nation'이라는 서양어 개념이 들어왔던 메이지 시대에 일본인들이 고민 끝에 만든 말이다. 대략 1900년 전후로 쓰이기 시작했고, 우리 사회에는 1905년경 들어온 듯하다. 방금 쓴 우리 사회의 '사회'도 마찬가지다. 'society'라는 생경한 개념을 받아들이기 위해 일본인들이 한자를 새로 조합해 만든 말이다. 이밖에도 일일이 열거할 수가 없다. 헌법, 민주주의, 야구, 대학, 물리, 철학 등……

　서양의 근대문명을 일본이 맨 먼저 받아들였으니 거기서 번역어가 먼저 나오고 이를 한자문화권 국가들이 받아들인 것은 자연스러운 일이다. 당시 일본인들은 이 말들을 고안하기 위해 또한 동양의 고전이나 사상, 그리고 거기서 나오는 어휘, 개념들을 적극적으로 수용하고 이용했다. 최근에는 일본인들이 번역했다는 어휘들이 사실은 중국에서 먼저 번역한 것이라는 주장들도 자주 들린다. 그야 어찌되었건 메이지유신 이전 약 100년 동안 일본인들이 그리도 열심히 유학 공부를 하지 않고 그저 칼이나 휘두르고 있었다면 이런 번역어들은 나오지 못했을 게 틀림없다.

이처럼 문화, 언어, 사상, 개념은 마치 물 흐르듯이 경계 없이 넘나드는 것이다. 우리가 이런 어휘들을 만들어내지 못하고 영향 받은 것이 아쉬울 수는 있지만, 그렇다고 이를 외면하거나 다 찾아내서 없앨 일은 아니다. 우리가 일본의 압박으로 민족 정체성이 위기에 처했을 때는 이런 대응도 일시적으로 필요하겠지만, 이제 '같은 씨름판'에 올라선 체통에 좀 더 여유를 가질 필요가 있다. 유학도, 공항도, 컴퓨터도, 훌라후프도, 마이크도 다 한국말이다.

일본 역사에 대해서도 이제 좀 더 깊이 알아야 할 때가 아닌가 싶다. 가끔 일반인을 대상으로 강연할 기회가 있다. 한국 시민들이 관심이 많은 이토 히로부미에 대해서도 언급하는 적이 있다. 1905년 한국통감 부임 후에 대해서는 많이들 알고 계시니, 나는 주로 막부말기와 메이지유신, 그리고 근대 일본의 전개과정에서 그가 보인 활동과 역할에 대해 설명했다. 한국통감 이후는 사실 이토가 권력 핵심에서 약간 밀려난 때로, 한일관계사가 아니라 이토 히로부미라는 인물 전체를 조감하기 위해서는 그 이전 시기가 더 중요하기 때문이다. 1880년대 초반에 정권을 쥔 이후 이토가 일본 근대화에 수행한 역할의 중요성은 학계에서는 당연히 상식이다. 그런데 막 귀국해서, 그러니까 2005년경까지만해도 이런 얘기를 하면 청중 가운데서 '그럼 선생님은 이등박문이를 좋게 보신다는 겁니까!'라는 질문이 나오곤 했다.

지금은 그런 반응에 접하는 일이 드물어졌다. 약 15년동안 반일감정이 느슨해진 건지(?), 아니면 우리에게 그만한 여유가 생긴 건지 확실히 모르겠다. 하지만 우리 민족의 원흉인 동시에 근대 일본의 설립자라는 이 역사가 가진아이러니를 주목하고 깊이 생각해보려는 시민들이 늘어난것은 사실인 것 같다. 분명한 것은 이런 생각 많은 시민들이 늘어날수록 우리 사회는 더 건강해질 것이며 더 튼튼해질 거라는 점이다. 이 책이 그런 분들의 고민과 생각에 하나의 '거리'가 될 수 있으면 좋겠다.

참고문헌

1. 마리우스 잰슨, 손일·이동민 역, 『사카모토 료마와 메이지유신』, 푸른길, 2014.

2. 마쓰우라 레이, 황선종 역, 『사카모토 료마 평전』, 더숲, 2009.

3. 박훈, 『메이지유신은 어떻게 가능했는가』, 민음사, 2014.

4. 박훈, 『메이지유신과 사대부적 정치문화』, 서울대학교출판문화원, 2019.

5. 손일, 『에노모토 다케아키와 메이지유신: 막말의 풍운아』, 푸른길, 2017.

6. 시부사와 에이이치, 박훈 역주, 『일본의 설계자, 시부사와 에이이치: 망국의 신하에서 일본 경제의 전설이 되기까지』, 21세기북스, 2018.

7. 이시이 다카시, 김영작 역, 『메이지유신의 무대 뒤』, 일조각, 2008

8. 한상일, 『이토 히로부미와 대한제국』, 까치글방, 2015.

9. 古川薫, 『吉田松陰』, 創元社, 1977.

10. 圭室諦成, 『西郷隆盛』, 岩波書店, 1960.

11. 田中彰, 『吉田松陰 変転する人物像』, 中公新書, 2001.

12. 佐々木克, 『大久保利通と明治維新』, 吉川弘文館, 1998.

13. 佐々木克, 『坂本龍馬とその時代』, 河出書房新社, 2009.

KI신서 9490

메이지유신을 설계한 최후의 사무라이들

1판 1쇄 발행 2020년 12월 21일
1판 8쇄 발행 2024년 12월 18일

지은이 박훈
펴낸이 김영곤
펴낸곳 ㈜북이십일 21세기북스

서가명강팀장 강지은 **서가명강팀** 강효원 서윤아
디자인 THIS-COVER
본문사진 GNU FDL(69쪽)
출판마케팅팀 한충희 남정한 나은경 최명열 한경화
영업팀 변유경 김영남 강경남 황성진 김도연 권채영 전연우 최유성
제작팀 이영민 권경민

출판등록 2000년 5월 6일 제406-2003-061호
주소 (10881) 경기도 파주시 회동길 201 (문발동)
대표전화 031-955-2100 **팩스** 031-955-2151 **이메일** book21@book21.co.kr

(주)북이십일 경계를 허무는 콘텐츠 리더

21세기북스 채널에서 도서 정보와 다양한 영상자료, 이벤트를 만나세요!
페이스북 facebook.com/jiinpill21   포스트 post.naver.com/21c_editors
인스타그램 instagram.com/jiinpill21   홈페이지 www.book21.com
유튜브 youtube.com/book21pub
서울대 **가**지 않아도 들을 수 있는 **명강**의! <서가명강>
유튜브, 네이버 오디오클립, 팟빵, 팟캐스트, AI 스피커에서 '서가명강'을 검색해보세요!